Keller | Kleider machen Leute

Lektüreschlüssel XL

für Schülerinnen und Schüler

Gottfried Keller

Kleider machen Leute

Von Wolfgang Pütz

Reclam

Dieser Lektüreschlüssel bezieht sich auf folgende Textausgabe:
Gottfried Keller: *Kleider machen Leute.* Hrsg. von Wolfgang Pütz. Stuttgart: Reclam, 2017 [u. ö.]. (Reclam XL. Text und Kontext, Nr. 19378.)
Diese Ausgabe des Werktextes ist seiten- und zeilengleich mit der in Reclams Universal-Bibliothek Nr. 7470.

E-Book-Ausgaben finden Sie auf unserer Website unter www.reclam.de/e-book

Lektüreschlüssel XL | Nr. 15495
2018 Philipp Reclam jun. Verlag GmbH,
Siemensstraße 32, 71254 Ditzingen
Druck und Bindung: Canon Deutschland Business Services GmbH,
Siemensstraße 32, 71254 Ditzingen
Printed in Germany 2018
RECLAM ist eine eingetragene Marke
der Philipp Reclam jun. GmbH & Co. KG, Stuttgart
ISBN 978-3-15-015495-3

Auch als E-Book erhältlich

www.reclam.de

Inhalt

1. Schnelleinstieg

Autor	Gottfried Keller (1819–1890), Schweizer Dichter, einer der bekanntesten Vertreter des poetischen Realismus
Veröffentlichung	1873 als erste Novelle im zweiten Teil des Novellenzyklus *Die Leute von Seldwyla* erschienen, vordatiert auf 1874
Gattung	Novelle
Epoche	Poetischer Realismus (in Deutschland ca. 1848–1890)
Handlung und Werkaufbau	Aufstieg und Fall des Schneiders Wenzel Strapinski: (1) Ausgangspunkt: Als mittel- und glückloser »Niemand« macht sich Wenzel auf den Weg von Seldwyla nach Goldach, mit nicht mehr als einem Fingerhut und einem Radmantel in seinem Besitz. Er wird auf seinem Weg in einer Kutsche mitgenommen und in Goldach für einen Grafen gehalten. So findet er Zugang zur gehobenen Schicht und lernt Nettchen kennen. (2) Höhe- und Wendepunkt: Der Schneider wird auf seiner Verlobungsfeier enttarnt und bloßgestellt. Es drohen gesellschaftliche Ächtung und das Ende seiner Verbindung mit Nettchen. (3) Endpunkt: Nettchen rettet ihren Verlobten und sichert ihre gemeinsame Existenz. Sie heiraten, gründen ein einträgliches Unternehmen und leben in Wohlstand.
Ort und Zeit der Handlung	• Orte: Die in der Schweiz angesiedelten, aber fiktiven benachbarten Ortschaften Goldach und Seldwyla. • Zeit: Die Geschehnisse ereignen sich im Verlauf eines Winters, beginnend an »einem unfreundlichen Novembertage« (S. 3) und endend in der »Fastnachtszeit« (S. 31).

Die Hauptperson

Ein junger Mann macht sich zu Fuß auf den mühseligen Weg in die kleine schweizerische Provinzstadt mit dem verheißungsvollen Namen Goldach, um seinem glücklosen Leben ein neues Ziel zu geben. Er friert, ist völlig ausgehungert, und er besitzt – abgesehen von wenigen Habseligkeiten, zu denen allerdings auch ein Pelzmantel und eine Pelzmütze gehören – nichts, womit sich Essen und Unterkunft bezahlen ließen.

Kein Prototyp des amerikanischen Traums

Dies könnte der Beginn einer konventionellen Geschichte sein, wie sie der amerikanische Mythos vom sozialen Aufstieg des Tellerwäschers zum Millionär erzählt. Dem Muster des American Dream entsprechend, würde der Held, in diesem Fall ein »armes Schneiderlein« (S. 3), alleine durch Mut, Verzicht und Leistung zu Wohlstand und Besitz gelangen.

Der Held als Antiheld

Doch anders als man erwarten könnte, erzählt die Novelle davon, wie der Protagonist nicht durch eigene Verdienste, sondern durch bloße Zufälle zum Shootingstar einer bürgerlichen Gesellschaft wird, bevor man ihn doch als Scharlatan enttarnt und er noch tiefer als zuvor in den sozialen und existenziellen Abgrund zu stürzen droht. Wenzel Strapinski, so der Name des Schneiders, hat es fast ausschließlich durch sein »edles und romantisches Aussehen« (S. 3) geschafft, von einer leichtgläubigen und sensationslüsternen Öffentlichkeit für jemanden gehalten zu werden, der er in Wahrheit nicht ist, aber gerne sein möchte.

Der Titel der Geschichte

Der berühmte Titel von Gottfried Kellers Novelle aus dem Jahre 1873/74 weist bereits auf das zentrale

Thema des Missverhältnisses von Schein und Sein hin. Der Satz *Kleider machen Leute* verkehrt die Subjekt-Objekt-Beziehung der Handlung in ihr Gegenteil: Nicht Menschen produzieren hier textile Gegenstände, sondern sind – dem Wortlaut zufolge – bloße Produkte ihrer Textilien. Das Subjekt wird zum Objekt. Die Kleidung, die getragen wird, steht dabei exemplarisch für alles Äußerliche und Oberflächliche, so also auch für die körperliche Gestalt, für den Besitz, die Herkunft und den gesellschaftlichen Rang ihres Trägers.

Zu einer Täuschung gehören jedoch immer zwei Seiten: jemand, der täuscht, und jemand, der sich täuschen lässt. Kellers Novelle nimmt beide Seiten in den Blick. Indem sie die moralischen Verwerfungen eines Menschen zeigt, der materiellen Reichtum, gesellschaftliches Ansehen und privates Glück durch Betrug zu erlangen versucht, verurteilt sie die bewusste Produktion von Schein als individuelle Verfehlung. Zugleich aber kritisiert sie auch diejenigen, die dumm oder naiv genug sind, dem Glanz und der Schönheit der Illusion zu trauen und sich blenden zu lassen. *Kleider machen Leute* ist insofern auch eine Gesellschaftssatire, welche die Leichtgläubigkeit und Verführbarkeit der Menschen als Ausdruck von deren Oberflächlichkeit und Unvernunft offenbart.

■ Schein und Sein

Die Geschichte, die Gottfried Keller erzählt, ist außerdem ein Plädoyer für eine solidarische Gemeinschaft. Wenzel Strapinski wird erst wieder in die Gesellschaft integriert, als er sich nach seiner Demaskie-

■ Ehrlichkeit und Solidarität

rung zu seinen Lügen bekennt, seine Motive offenlegt und Reue zeigt. Die Beichte als symbolische Form der Selbstentkleidung bringt ihn, indem er sich zu seiner Person bekennt, wieder zu sich selbst. Strapinski findet als Ehemann und Geschäftsmann in die bürgerliche Gesellschaft zurück, weil er durch Ehrlichkeit das Vertrauen und die Treue eines anderen Menschen gewonnen hat. Sein Gewinn ist nicht bloß von materieller, sondern auch von zwischenmenschlicher Art.

Aktualität der Novelle

Auch heute ist die Novelle aus der zweiten Hälfte des 19. Jahrhunderts von unveränderter Aktualität. Dies kann der Leser leicht nachvollziehen, wenn er die Selbsttäuschung der Menschen durch den Glauben an leere Versprechungen in den Blick nimmt. Es bleibt dem heutigen Leser selbst überlassen, entsprechende Glücksverheißungen – wie beispielsweise aus dem Bereich der Mode und der Markenartikel, der (sozialen) Medien oder des materiellen Wohlstands der Konsumgesellschaft – daraufhin zu prüfen. Jedenfalls wird dieser »Glücksbegriff« am Ende der Novelle in Frage gestellt, wenn der »rund und stattlich« gewordene Strapinski dem Leser »so gar nicht mehr träumerisch« (S. 57) erscheint, sondern zu einem biederen Geschäftsmann und Spekulanten geworden ist.

2. Inhaltsangabe

Gottfried Kellers Novelle *Kleider machen Leute* erzählt die tragikomische Geschichte eines Mannes, der aus einem elenden Zustand der unvermittelten Arbeits-, Mittel- und Obdachlosigkeit heraus in abenteuerliche Lebensumstände gerät, an deren Ende er die Liebe seines Lebens findet und wieder in die bürgerliche Gesellschaft zurückkehren kann.

■ Ich-Suche und Identitätsfindung

Nach dem Konkurs seines Arbeitgebers macht sich der Schneider Wenzel Strapinski »[a]n einem unfreundlichen Novembertage« (S. 3) von seinem bisherigen Wohnort Seldwyla aus zu Fuß auf den Weg zu der »kleinen reichen Stadt« (S. 3) Goldach, um dort eine Arbeitsstelle zu finden. Sein trotz Radmantel und Pelzmütze erbarmungswürdiges Aussehen und der beginnende Regen veranlassen einen Kutscher, ihm einen Platz in dem »neuen und bequemen Reisewagen« (S. 4) anzubieten, der zu einem Schlossherrn »in der Ostschweiz« (S. 4) überführt werden soll.

■ Ausgangssituation

Beim Eintreffen im Gasthof »zur Waage« (S. 4) in Goldach wird das »arme Schneiderlein« (S. 3) wie ein vornehmer und vermögender Mann behandelt. Der Grund für diesen Irrtum seitens der ihn empfangenden Personen liegt nicht nur in dem Umstand, dass er der Luxuskarosse eines Adligen entsteigt; vielmehr lassen sich die Menschen auch von dem »sorgfältig gepflegt[en]« (S. 3) Aussehen und der vornehmen Kleidung des Fremden blenden, dem ein Radmantel und eine Pelzmütze den Anschein eines

■ Fehleinschätzung mit Folgen

sozial und materiell privilegierten Menschen verleihen.

Der Held wird zum Hochstapler

Zwar versucht der vermeintliche »Prinz oder Grafensohn« (S. 5) der unerwarteten und geradezu aufdringlichen Gastfreundschaft der Goldacher Bürger zu entkommen, doch nach einem gescheiterten Fluchtversuch fügt er sich in die ihm nicht zustehende Behandlung als hochstehende Persönlichkeit. So verzehrt er zunächst zögerlich ein aus mehreren Gängen bestehendes Menü, bis er schließlich, in der Annahme, dass sein Betrug ohnehin bald aufgedeckt werde, seinen großen Hunger und Durst ohne weitere Hemmungen stillt.

Durch eine Lüge des Kutschers, der sich einen Spaß erlaubt und behauptet, dass es sich bei dem fremden Mann um den polnischen Grafen Strapinski handele, fühlen sich die Wirtsleute zu weiteren Bemühungen um dessen leibliches Wohl angetrieben.

Böhni als intriganter Gegenspieler

Schnell spricht sich die Anwesenheit des »Grafen« herum. Von den reichen Bürgern der Stadt, welche den angeblichen Adligen zu gemeinsamen Vergnügungen auf das Gut des Amtsrates einladen, durchschaut lediglich der Buchhalter Melchior Böhni die falsche Identität des Fremden, da ihm dessen »wunderlich zerstochene[n] Finger« (S. 16) auffallen. In der sensationsgierigen Hoffnung auf einen neuen Skandal im ereignislosen Alltag der Stadt Goldach behält Böhni seine Entdeckung für sich und setzt sogar beim Kartenspiel Geld für Strapinski ein, um zu verhindern, dass auch die anderen Geschäftsleute misstrauisch werden und die Wahrheit an den Tag kommt.

An dem Vorhaben, mit dem beim Spiel gewonnenen Geld seine Schulden im Gasthof zu begleichen und sogleich die Stadt zu verlassen, wird Strapinski ein weiteres Mal gehindert, als er im Haus des Amtsrates auf dessen Tochter Nettchen trifft und sich in sie verliebt. Er nimmt daher die Einladung des Hausherrn zum Abendessen an und ist glücklich, an der Seite von Nettchen Platz nehmen zu dürfen.

Ein Fräulein betritt den Schauplatz

Wenn er auch nicht ohne gelegentliche Zweifel und Gewissensnöte ist, so übernimmt der Schneider schließlich doch ganz die Rolle des Grafen, den man in ihm zu sehen glaubt. Zugleich deuten die Menschen, mit denen er Umgang hat, sein nach wie vor unsicheres Verhalten als Ausdruck seiner Vornehmheit.

Rollenanpassung

Zurück im Gasthof zur Waage, vollzieht Wenzel Strapinski den endgültigen Wendepunkt hin zu einem vorsätzlichen Täuschungsmanöver, als er gegenüber dem Wirt mit den Worten »Man muss meine Spur verlieren für einige Zeit« (S. 21) gezielt den Eindruck erweckt, als ob ihn ein dunkles Geheimnis umgebe. Auf diese Weise verhindert er, dass man sich auf die Suche nach dem inzwischen abgereisten Kutscher begibt, da man annimmt, dass dieser es versäumt habe, das persönliche Gepäck des angeblichen polnischen Grafen abzuladen. Durch seinen irreführenden Hinweis auf eine ihm persönlich drohende Gefahr halten die Einwohner von Goldach den Fremden nun auch noch für »ein Opfer politischer oder der Familienverfolgung« (S. 22), dem sie daher kostbare Kleidung und viele Luxusartikel zur Verfügung stellen.

Von diesem Zeitpunkt an hat Strapinski auch den Mut, aus dem Gasthof zu gehen und die Stadt zu besichtigen. Vor den Toren der Stadt angekommen, überlegt er noch einmal, seine Reise fortzusetzen und Goldach unbemerkt zu verlassen, doch eine erneute Begegnung mit Nettchen hindert ihn im letzten Augenblick an der Entscheidung, den Betrug zu beenden. Stattdessen treibt er die Selbstinszenierung auf die Spitze, indem er sich den Bürgern von Goldach weiterhin als wohlhabender Adliger präsentiert.

Selbstinszenierung

Eine unerwartete finanzielle Zuwendung »von einem fremden Kollekteur« (S. 28) gibt ihm die Möglichkeit, die Schulden, die er gegenüber den Einwohnern von Goldach angehäuft hat, mit einem Schlag zu begleichen. Unter dem Druck der aufkommenden Gerüchte, dass er die Tochter des Amtsrats heiraten werde, kündigt er zwar während eines festlichen Abends seine unmittelbare Abreise an, lässt jedoch von der Umsetzung dieses Vorhabens ab, als ihm Nettchen mit einer tränenreichen Umarmung ihre Verzweiflung über den bevorstehenden Abschied zeigt. Die Liebe, die Wenzel Strapinski spätestens ab diesem Moment für die junge Frau empfindet, veranlasst ihn, »am Morgen in aller Frühe« (S. 30) tatsächlich beim Amtsrat um die Hand von dessen Tochter anzuhalten.

Von der Verliebtheit zum Heiratsantrag

Währenddessen bereitet Melchior Böhni, der vergeblich auf eine eheliche Verbindung mit Nettchen gehofft hatte, alles Notwendige vor, um den angeblichen Grafen als Betrüger zu entlarven und die Hochzeit zu vereiteln. Als Strapinski anlässlich seiner Verlobung mit der Tochter des Amtsrats in einem eigens dafür organisierten Festzug auf einem Schlitten aus Goldach Richtung Gasthaus herausfährt, kommt dem Brautpaar und seinen Gästen ein merkwürdiger »Schlittenzug« (S. 33) mit kostümierten Menschen entgegen.

■ Aufdeckung des Schwindels

Der anlässlich der Karnevalszeit aus geschmückten Wagen bestehende Maskenzug enthüllt mit satirischen »Anspielungen auf das Schneiderwesen« (S. 33) die wahre Identität des Mannes, der gerade mit großer Pracht seine Verlobung feiert. Im Gasthaus angekommen, treffen beide Gesellschaften aufeinander. Ein »Schautanz« (S. 35), den die Einwohner von Seldwyla zur Belustigung der Brautgesellschaft aufführen, enthüllt Strapinskis Betrug und lässt alle Anwesenden endgültig begreifen, dass die Darbietungen der Karnevalsgesellschaft einzig dem Zweck dienen, das falsche Spiel des angeblichen polnischen Grafen aufzudecken und diesen der Lächerlichkeit preiszugeben.

■ Maskentanz der Seldwyler

Unter dem Schock, den die Enthüllungen bei ihm und bei Nettchen erzeugt haben, verlässt Strapinski unter Tränen den Ort des Geschehens und macht sich in der eisigen Winternacht zu Fuß auf den Weg Richtung Seldwyla. Im paradoxen Gefühl der eigenen Schande und Unschuld zugleich wird er sich dabei auch der nun verloren scheinenden Liebe bewusst,

■ Wenzel verlässt die Bühne seines eigenen Schauspiels

bevor er sich schließlich im Straßengraben niederlegt und einschläft. Nur durch das rechtzeitige Eintreffen der geliebten Frau, die ihm in großer Sorge auf einem von Melchior Böhni entwendeten Schlitten nacheilt, wird der bewusstlose Mann im letzten Augenblick vor dem Tod durch Erfrieren bewahrt.

■ Nettchen erkennt Wenzels Wahrhaftigkeit

Auf einem Bauernhof macht Nettchen Halt, um in Ruhe mit Wenzel reden zu können. Dort fragt sie ihn nach seiner wahren Identität, um endlich Klarheit über den Fremden und seine Handlungsmotive zu erhalten. Indem Wenzel ihr davon berichtet, wie es dazu kam, dass er für eine hochstehende Persönlichkeit gehalten wurde, wird ihr bewusst, dass er niemals in böser Absicht handelte und ihr in aufrichtiger Liebe zugetan ist.

■ Wenzels Mutter

Zugleich erhält Nettchen durch Wenzels Bericht von seinem Leben in Seldwyla Hinweise darauf, dass sie beide sich während ihrer Kindheit bereits kannten. Wenzel war als Sohn einer früh verwitweten Dienstmagd in ärmlichen Verhältnissen aufgewachsen, bevor ihm im Alter von »etwa sechzehn Jahre[n]« (S. 48) die Möglichkeit eröffnet wurde, seinen angestammten Wohnort zu verlassen und bei der Gutsherrin zu bleiben, in deren Diensten seine Mutter vor ihrer Heirat über einen langen Zeitraum hinweg gestanden hatte. Auf Drängen seiner Mutter war Wenzel jedoch nicht fortgegangen, sondern hatte eine Ausbildung als Schneider absolviert. Nach dem Militärdienst und nach dem Tod seiner Mutter hatte er in Seldwyla zu arbeiten begonnen.

Im Verlauf des Berichts über seine Vergangenheit stellt sich heraus, dass Nettchen die Tochter eben jener Gutsherrin ist, die sich erfolglos um eine anspruchsvolle Erziehung und Ausbildung für den Sohn ihrer ehemaligen Angestellten bemüht hatte. In der Zeit vor seiner Berufsausbildung hatte Wenzel sich fürsorglich und liebevoll um das mehrere Jahre jüngere Mädchen gekümmert, welches er nun, wenige Stunden nach der skandalösen Enthüllung seiner eigenen Identität und der dadurch vereitelten Verlobungsfeier, als jene Person erkennt, die ihm in dem ehemals gemeinsamen Wohnort sehr zugetan war.

Nettchens Mutter

Nach dem Gespräch mit dem einstigen Freund und jetzigen Geliebten ist Nettchen entschlossen, Wenzel trotz der vorherigen Ereignisse zu heiraten: »Ich will dich nicht verlassen! Du bist mein, und ich will mit dir gehen trotz aller Welt!« (S. 52). Sie veranlasst gegen den Widerstand ihres Vaters, dass dieser ihr das mütterliche Erbe ausbezahlt, so dass sie die finanziellen Mittel besitzt, um mit ihrem Mann in Seldwyla ein Geschäft aufbauen zu können. Als die Einwohner von Seldwyla erfahren, dass in ihrem Ort eine erhebliche Investition geplant ist, stellen sie sich auf Nettchens und Wenzels Seite, um deren Interessen gegen diejenigen von Nettchens Vater sowie gegen die Heiratsansprüche des Buchhalters Melchior Böhni zu verteidigen.

Zurück nach Seldwyla

Nachdem zwischen der Tochter des Amtsrats und dem Schneider die Ehe geschlossen worden ist, gelingt es Wenzel, sich beruflich in Seldwyla zu etablie-

Privates Glück

ren und sein Vermögen in ansehnlichem Umfang zu vergrößern. Mit seiner Frau hat er schließlich etwa ein Dutzend Kinder, mit denen er später nach Goldach, dem Ort seiner ursprünglichen Verstrickungen, übersiedelt.

3. Figuren

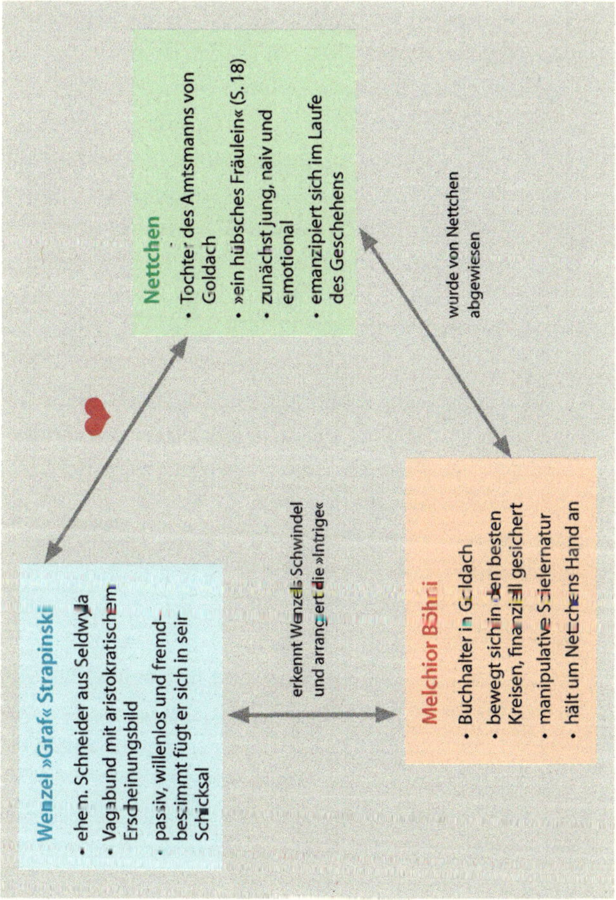

Abb. 1: Figurenkonstellation

Wenzel Strapinski

Der Schneider Wenzel Strapinski ist zu Beginn der Novelle als Angestellter in einem lohnabhängigen Arbeitsverhältnis tätig. Durch den Konkurs des Schneidermeisters, in dessen Geschäft er seinen Lebensunterhalt verdient, gerät er so in Not, dass er die Stadt Seldwyla verlassen muss, um anderswo einen neuen Arbeitsplatz zu finden. Aus dem ursprünglich gesicherten Zustand der Sesshaftigkeit heraus wird er zu einem hungrigen Vagabunden, der kaum noch weiß, »wo das geringste Mittagbrot herwachsen soll[ ]« (S. 3).

■ Der Schneider in schwierigen Lebensverhältnissen

Die eigentliche Spannung des Erzählbeginns erwächst aber nicht aus der sozialen Misere des Helden, sondern vielmehr aus dem Gegensatz zwischen dessen gesellschaftlichem Status als Mensch am Rande des Existenzminimums und seinem aristokratischen Erscheinungsbild. Das »arme Schneiderlein« trägt »über seinem schwarzen Sonntagskleide […] einen weiten dunkelgrauen Radmantel«, der »mit schwarzem Samt ausgeschlagen« ist und ihm »ein edles und romantisches Aussehen« (S. 3) verleiht.

■ Ein Habenichts mit Chic

Der Erzähler legt in diesem Zusammenhang Wert auf die Mitteilung, dass die Gewohnheit einer auffällig erlesenen Kleidung keineswegs Indiz für einen moralisch verwerflichen Charakter sei. So heißt es: »Solcher Habitus war ihm zum Bedürfnis geworden, ohne dass er etwas Schlimmes oder Betrügerisches dabei im Schilde führte« (S. 3). Zugleich aber betont

■ Wenzel – ein reiner Tor?

der Erzähler auch den Verlust an Handlungsspielraum, der für Wenzel Strapinski als dem »Märtyrer seines Mantels« (S. 4) mit der Fixierung auf die edlen Kleidungsstücke verbunden ist: »[W]enn er wanderte und keine Ersparnisse mitführte, geriet er in die größte Not. Näherte er sich einem Hause, so betrachteten ihn die Leute mit Verwunderung und Neugierde und erwarteten eher alles andere als dass er betteln würde« (S. 4).

Den eigentlichen psychologischen Grund dafür, dass er »lieber […] verhungert [wäre,] als dass er sich von seinem Radmantel und von seiner polnischen Pelzmütze getrennt hätte« (S. 3), erfährt der Leser erst sehr viel später, als Wenzel von Nettchen zu den Motiven für seine zahlreichen Täuschungsmanöver befragt wird. In den Auskünften über seine Herkunft und Kindheit gerät dabei der prägende Einfluss der Mutter in den Blick, die vor ihrer Heirat »in Diensten einer […] Gutsherrin und mit derselben auf Reisen und in großen Städten gewesen« (S. 48) war. Davon, so berichtet Strapinski, habe sie »eine feinere Art bekommen«, die sie veranlasst habe, sich selbst und ihr einziges Kind »immer etwas zierlicher und gesuchter« (S. 48) zu kleiden.

■ Der Einfluss der Mutter

Der frühe Tod des Vaters, der ein »armer Schulmeister« gewesen sei, habe eine lange Zeit der Entbehrungen ohne »Aussicht auf glückliche Erlebnisse« eingeleitet, bis der inzwischen etwa sechzehnjährige Jugendliche von der Dienstherrin seiner Mutter das Angebot erhalten habe, in einer Stadt »etwas Feines

■ Ein Kind ohne Vater

[zu] lernen« (S. 48). Die Mutter habe sich jedoch »mit vielen Tränen« (S. 48) dem sozialen Aufstieg ihres Sohnes durch dessen Ausbildung in einer fernen Stadt widersetzt, weil sie die räumliche Trennung von ihrem Kind nicht hätte ertragen können. Sie zieht ein gemeinsames Leben in Armut vor und verweigert ihrem Sohn eben jene Möglichkeiten der Mobilität, die sie selbst als noch unverheiratete Frau im Dienst einer reisefreudigen Dame besaß.

Zwischen zwei Frauen

Sowohl die verwitwete Mutter als auch die gleichfalls verwitwete Gutsherrin sind Figurationen unerfüllter Sehnsüchte. Das vaterlose Kind ist abhängig von der Gefühlsherrschaft der Mutter, die in ihm zunächst eine Projektionsfläche für ihre Wünsche nach einem besseren Lebensstandard sieht, bevor sie ihn mit Mitteln der emotionalen Erpressung – und das heißt: »mit vielen Tränen« (S. 48) und mit dem Ruf, »sie lasse sich ihr Kind nicht rauben« (S. 49) – dazu zwingt, das verheißungsvolle Angebot einer beruflichen Qualifizierung fernab von zu Hause abzuweisen. Der Leser kann sich gut vorstellen, in welche seelische Not der Jugendliche durch die Verzweiflung und die wiederholten Gefühlsausbrüche seiner Mutter geraten sein mag, wenn es heißt: »[S]ie war so aufgeregt, dass ich trotz alles Zuredens jener Dame entsagte und bei der Mutter blieb, wofür sie mich doppelt lieb hatte, tausendmal mich um Verzeihung bittend […]« (S. 49). Indem Wenzel schon in jungen Jahren zum wehrlosen Objekt seiner Mutter gemacht wird, entwickelt er sich zu dem weitgehend »willen-

Kindliches Gefühlschaos

los[en]« (S. 5) und passiven Charakter, der sich dann später in Goldach von dem, was ihm widerfährt, ziellos treiben lässt.

Obwohl er nach einer Schneiderausbildung einen mindestens einjährigen Militärdienst absolviert, bildet er nicht die notwendige Härte und Reife aus, um den alltäglichen Herausforderungen des Lebens Widerstand leisten zu können. Vielmehr verhält er sich nach dem Verlust seines Arbeitsplatzes in einer Schneiderei in Seldwyla wie ein Mensch, welcher sich selbst verliert, indem er die grotesken Erlebnisse in Goldach in geradezu fatalistischer Manier als gegeben und als unveränderbar hinnimmt.

■ Fremdbestimmtheit

Der auktoriale Erzähler selbst lässt keinen Zweifel an seiner eigenen Bewertung des Übermaßes an Akzeptanz, mit welchem Wenzel Strapinski auf die exzessiven Gunstbezeugungen der Bürger in Goldach reagiert. So qualifiziert er das nachgiebige Verhalten des Schneiders als eine tiefe persönliche Schwäche, die er im Hinweis auf dessen »Mangel an Geistesgegenwart oder an Mut« (S. 5) konkretisiert. Wenn überhaupt von Mut die Rede ist, dann nur im Gebrauch der metaphorischen Wortkombination vom »Mute der Verzweiflung« (S. 10), welche aber nicht Ausdruck eines wahren Heroismus, sondern Inbegriff einer alternativlosen Möglichkeit zur Abwendung einer Bedrohung ist.

■ Diagnose: generalisierte Charakterschwäche

Wiederholt verweist der Erzähler während der verschiedenen Phasen, die der Protagonist bei seinem Aufenthalt in der Kleinstadt durchläuft (stürmische

Begrüßung durch die Einwohner – fürstliche Bewirtung im Gasthaus – Einladung ins Haus des Amtsrats usw.) auf dessen Willenlosigkeit (vgl. S. 5), Ängstlichkeit (vgl. S. 7) und »Blödigkeit« (S. 9). Diese Charakterzüge lassen ihn »ohne Widerspruch« und »sanft wie ein Lämmlein« (S. 8) agieren, wenn er sich »in Gottes Namen« an den Esstisch setzt und nur »schüchtern und zimperlich mit der silbernen Gabel« (S. 9) hantiert, bevor er ebenso »zimperlich und unentschlossen« (S. 10) zu essen und zu trinken beginnt.

Fatalismus

Eine unreflektierte Schicksalsergebenheit (»Es ist jetzt einmal, wie es ist!«, S. 10) dient ihm als Entschuldigung für die beginnende Einwilligung in »den abschüssigen Weg des Bösen« (S. 8), den er mit der »erste[n] selbsttätige[n] Lüge« (S. 8) und mit dem »zweiten selbsttätigen Fehler« (S. 9) beschreitet. Auch hier lässt er sich wieder von anderen leiten: Er nimmt die Rolle an, die die Goldacher Bürger ihm auferlegen, und statt sich zu dem, was ihm geschieht, ablehnend

Sprachlosigkeit als Fluchtmittel

zu äußern, zieht er sich auf das Schweigen zurück: Er »erwidert[ ] gar nichts« (S. 12), als man ihm teure alkoholische Getränke und mehrere Zimmer im Gasthof anbietet, und er »sagt nichts« (S. 14), als er eine teure Zigarre geschenkt bekommt.

Einfalt und Unvernunft

Unter den bezeichneten Persönlichkeitsmerkmalen ragen die Einfalt und Unvernunft des jungen Mannes besonders heraus; sie bilden sozusagen den Motor für die innere Maschinerie aus Selbsttäuschung und Betrug, die er durch sein Bedürfnis nach Liebe, Anerkennung und Wohlstand in Gang setzt.

Symptomatisch für seine Naivität und Unfähigkeit zu komplexem Denken ist Wenzels Annahme, dass die Namen der Häuser, die er in Goldach besichtigt, ein Spiegel der innerhäuslichen Wirklichkeit seien: Er ist der Meinung, Aufschriften wie »zur Eintracht, zur Redlichkeit, zur alten Unabhängigkeit, zur neuen Unabhängigkeit, zur Bürgertugend a, zur Bürgertugend b, zum Vertrauen, zur Liebe, zur Hoffnung [...]« (S. 24) bezögen sich »auf die besondern Geheimnisse und Lebensweisen jedes Hauses«, und er denkt, »es sähe hinter jeder Haustüre wirklich so aus, wie die Überschrift angab, sodass er in eine Art moralisches Utopien hineingeraten wäre« (S. 25).

Fehlende Fähigkeit zur Differenzierung

In seiner immensen Ichbezogenheit und Verblendung glaubt er sogar, dass auch »das Sinnbild der Waage, in welcher er wohnt[]«, darauf hindeutet, »dass dort das ungleiche Schicksal abgewogen und ausgeglichen und zuweilen ein reisender Schneider zum Grafen gemacht« (S. 25) wird.

Narzisstische Selbsttäuschung

Gottfried Keller stellt in der Gestalt des Wenzel Strapinski kein lebensechtes, naturgetreues Individuum dar, sondern er karikiert den zwar treuherzigen und gutmütigen, zugleich aber auch lächerlich wirkenden Typus eines Romantikers, der sich in einer Traumwelt eingerichtet und ein verklärtes Bild von der Wirklichkeit hat. Hätte er nicht schließlich Nettchen an seiner Seite, die seinem Leben eine andere, eine konkrete Richtung gibt, so hätte er auch nach der Aufdeckung seiner falschen Identität »auf weitere merkwürdige oder glückliche Dinge« (S. 46)

Spottbild des naiven Romantikers

gehofft und geglaubt, er könne mit seiner Verlobten »in die weite Welt« gehen, um noch »einige kurze Tage des Glückes« zu erleben, bevor er »den Betrug gestanden« und sich »gleichzeitig den Tod gegeben« (S. 47) hätte.

Die Naivität, die in dieser Traumwelt zum Ausdruck kommt, bricht sich an den Herausforderungen der Wirklichkeit, die verlangt, dass die Lösung des Problems innerhalb der kleinbürgerlichen Welt gefunden wird. Dass es Wenzel Strapinski gelingt, sich nach seiner öffentlichen Demütigung gegen die widerständigen Kräfte seiner Umwelt als Handwerker, Geschäftsmann und Familienvater zu behaupten, verdankt er in erster Linie der vernunftorientierten Umsicht seiner Frau, sodann aber auch bestimmten charakterlichen Eigenschaften, die in ihm ebenso angelegt sind wie die zuvor beschriebenen Mängel.

Bewährung im Alltag

In dem Maße, in dem er nämlich »beinah gar nicht mehr träumerisch aus[sieht]« (S. 57), prägt sich ein anderer, komplementärer Grundzug aus, der ihm bereits während seines Aufenthaltes als vermeintlicher Graf in Goldach eigen war: Strapinskis Sehnsucht nach leiblichem Genuss. Er verkörpert die vulgäre, materielle Version des menschlichen Strebens nach Erfüllung und Vollkommenheit, nach harmonischer Einheit von Ich und Welt im grenzenlosen Verzehr von erlesenen Nahrungs- und Genussmitteln. Immer wieder erliegt er den ›glänzenden‹, ›klingenden‹ und ›duftenden‹ (vgl. S. 12) Verlockungen und Verführungen, die ihm in Goldach geboten werden. Als der

Der Hedonist: Lust am Genuss

Tisch im Gasthof zur Waage für ihn »mit glänzendem Zeuge gedeckt« (S. 7) wird, will er zwar zunächst noch fliehen, doch wird er schließlich »vollends seines Willens beraubt[]« (S. 8), indem er zwar zunächst nur zaghaft, dann aber doch hemmungslos »Fleisch, Trüffeln, Klößchen, Boden, Deckel« verschlingt, während er »den Wein in tüchtigen Zügen« trinkt und »große Brotbissen in den Mund« (S. 10) steckt. Im weiteren Verlauf der Handlung widersteht der Schneider weder Alkohol und Zigarren noch dem Glücksspiel oder einem komfortablen Zimmer, da seine Gier nach umfassender und unmittelbarer Bedürfnisbefriedigung in dem Maße wächst, in welchem ihm alle Bequemlichkeiten geboten werden.

■ Das große Fressen

Die erste leidenschaftliche Umarmung mit Nettchen markiert den Höhepunkt dieser Entwicklung, denn er verliert nun, nach den Worten des Erzählers, »seinen Verstand« (S. 30). Um seiner schönen Verlobten zu imponieren, zeigt er eine extreme Verschwendungssucht, die Ausdruck einer völligen Fixierung auf den glücklichen Augenblick ist. Ungeachtet seiner armseligen Vergangenheit und ohne Rücksicht auf die Auswirkungen seines Handelns bringt er »zur Verlobung Brautgeschenke, welche ihn die Hälfte seines zeitlichen Vermögens« kosten, während er »die andere Hälfte« zu dem Fest verwendet, »das er seiner Braut geben« (S. 31) will. Wenzel geht in der rauschhaften Verblendung seiner Gedanken und Gefühle sozusagen aufs Ganze und verliert im Zustand der Ekstase alles. Letzten Endes rettet ihn einzig die Geistesge-

■ Erotisches Begehren und Liebesverlangen

genwart seiner Geliebten vor dem Absturz in die gesellschaftliche Ächtung.

Die Aussteuer, die Nettchen vom Vater einfordert, ist zudem die finanzielle Rettung. Sie erhält von ihrem Vater »ihr ganzes Gut« (S. 57). Wenzel und Nettchen verfügen so über das notwendige Kapital, um ihre gemeinsame Zukunft in Seldwyla zu beginnen; sie will nämlich, dass er dort »ein großer Marchand-Tailleur und Tuchherr« (S. 57) wird. Und so ist es wieder eine Frau, die Wenzels weiteres Leben bestimmt. Durch enorme Selbstdisziplin, die ihn »bescheiden, sparsam und fleißig« werden lässt, gelingt es ihm, »seinem Geschäfte [...] einen großen Umfang zu geben« (S. 57). Die entsprechende Erweiterung seines Besitzes ist zugleich Ergebnis einer unnachgiebigen Haltung gegenüber den Kunden, die ihre Schulden »nie zu lange Zeit« (S. 57) unbeglichen lassen dürfen. Die dadurch angehäuften finanziellen Ressourcen bilden für den ursprünglich armen Schneider, der immer »geschäftserfahrener und gewandter« (S. 58) wird, eine Basis für gewinnbringende »Spekulationen«, die »sein Vermögen verdoppel[n]« (S. 58). Die Dreieinheit von Investitionskapital, Selbstbeschränkung und betriebswirtschaftlicher Rigorosität führt zu einem exponenziellen Wachstum, das sich in der neuen physischen Disposition des »rund und stattlich« werdenden Unternehmers spiegelt, der, wie es in einer spöttischen Bemerkung heißt, »beinah gar nicht mehr träumerisch aus[sieht]« (S. 57).

Vom armen Schneider zum reichen Privatunternehmer

Nettchen

Nettchen erweist sich im Verlauf der Handlung als eine Frau, welche ihr eigenes und das Schicksal Strapinskis durch ihre Empfindsamkeit und durch ihre Tatkraft zum Guten wendet. Dabei deutet zu Beginn ihres erstmaligen Erscheinens noch wenig darauf hin, dass die Tochter eines örtlichen Beamten – ihr Vater ist Amtsrat (vgl. S. 18) – zu einer solchen Leistung imstande sein konnte. Der Erzähler hebt vielmehr zu Beginn ihres ersten Auftretens die Oberflächlichkeit und Naivität des »hübsche[n] Fräulein[s]« hervor, das »äußerst prächtig, etwas stutzerhaft gekleidet und mit Schmuck reichlich verziert« (S. 18) ist, als es Wenzel vorgestellt wird.

■ Inkarnation von Menschlichkeit und Vernunft

In ihrem offenbar noch jugendlichen Alter sucht Nettchen sich durch vollkommene Anpassung an die Konventionen einer kleinstädtisch-bürgerlichen Gesellschaft zu behaupten, indem sie ganz die Rolle einer noch unverheirateten Frau übernimmt, die für einen zukünftigen Mann als besonders attraktive Lebensgefährtin erscheinen will. Der Erzähler beschränkt sich auf zwei Einzelheiten, um die kokette Selbstdarstellung des »Frauenzimmers« (S. 19) in den Vordergrund zu stellen. Während sie neben dem geheimnisvollen Mann sitzt, der in ihrem Elternhaus zu Gast ist, konzentriert sich dessen Blick ganz auf Nettchens Hand, »die von drei oder vier Armbändern klirrt[ ]« (S. 19 f.), sodann auf den »abenteuerlich und reizend frisierten Kopf« der »jungen Dame« (S. 19).

■ Konformismus der jungen Frau

Eine Puppe: äußerer Glanz – innere Leere

Diesem zur Schau gestellten modisch-extravaganten und ins Luxuriöse weisenden äußeren Erscheinungsbild entspricht die Oberflächlichkeit ihrer Äußerungen: Als Nettchen mit Wenzel Strapinski Konversation pflegt, tut sie dies nach den Worten des Erzählers in der »Art behaglicher Kleinstädterinnen [...], die sich den Fremden zeigen wollen« (S. 19). Anders als Wenzel ist sie sehr gesprächig; sie ist eine Frau, die »stundenlang über gesellschaftliche Verstöße zu plaudern« (S. 20) weiß, sich jedoch lächerlich macht, als sie auf Strapinskis Vortrag eines vulgären polnischen »Volksliedchen[s]« mit den Worten »Ach, das Nationale ist immer so schön!« (S. 20) reagiert. Auch hier ist es nur der Klang, der sie bezaubert, denn der Sinn des Liedes bleibt ihr verschlossen.

Abwertung durch den Vater

Der Erzähler porträtiert Nettchen – ganz im Sinne ihres Vaters, welcher sie als »törichte[s] Mädchen«, als »Gans« (S. 30) und als »verzogene[s] Kind« (S. 31) bezeichnet – als eine oberflächliche Frau, die schon als Kind von der fixen Idee einer Ehe mit einem exotisch wirkenden Mann (»eine[m] Italiener oder Polen, eine[m] großen Pianisten oder eine[m] Räuberhauptmann«, S. 30) beherrscht war. Indem auch sie sich von der Pseudo-Noblesse des Gastes blenden lässt, erliegt sie ihrer kindischen Phantasie einer Traumhochzeit sowie der eigenen romantischen Verklärung des falschen Grafen.

Ihr erscheinen »die Schüchternheit, Demut und Ehrerbietung eines so vornehmen und interessanten jungen Edelmanns« (S. 19) als Erfüllung ihrer Träume.

Verwechslung von Schein und Sein

In der infantilen Gleichsetzung von Ich und Welt hält sie ihre subjektiven und ungefilterten Wahrnehmungen für Realität. Da ihr Denken und Handeln wohl auch aufgrund ihres jugendlichen Alters noch weitgehend durch ihre Gefühle bestimmt ist, findet sie »den Ritter« (S. 19), der ihr in Person des Grafen begegnet und sie wiederholt erröten lässt (vgl. S. 19, 20), »rührend« und »hinreißend« (S. 19).

Gefühlspathos und Verlust der Selbstkontrolle

So handelt sie auch in höchst emotionaler Weise, nachdem Strapinski auf dem Ball seine Abreise angekündigt hat. Ist sie zunächst »wie erstarrt«, so folgt sie ihm bald darauf mit »rasche[n] Tritte[n]« (S. 29). Es bedarf nur einer Geste seiner Zuwendung, um sie ganz aus der Fassung zu bringen, indem sie »ihm ohne weiteres um den Hals« fällt und »jämmerlich [...] zu weinen« (S. 30) beginnt. So kann sie Strapinksi ein weiteres Mal an der Abreise hindern, und ihr Vater stimmt der Verlobung am nächsten Morgen zu: »So hat sich denn das Schicksal und der Wille dieses törichten Mädchens erfüllt!« (S. 30).

Obwohl sie bald darauf, »ganz in weißes Pelzwerk gehüllt« (S. 32), mit großem Aufwand ihre Verlobung feiert, wird sie von dem Erzähler für die Zeit der turbulenten Ereignisse während des Festes praktisch nicht mehr erwähnt. Nettchen ist bis zu dem Zeitpunkt, an dem ihr die wahre Herkunft ihres Verlobten enthüllt wird, nicht mehr Handelnde, sondern über Stunden hinweg nur noch Erlebende ihres eigenen Desasters. Bildet das Paar zu Beginn noch »gleich fürstlichen Sternen« (S. 35) den strahlenden Mittelpunkt der Gesellschaft, so richtet sich die Aufmerksamkeit während des Seldwyler Schautanzes ganz auf Strapinski.

Erst als ihr Verlobter den Ort seines »Unglück[s]« und seiner »Erniedrigung« (S. 40) verlässt, gerät sie erneut in den Fokus des Erzählers. Dieser hat wohl beobachtet, dass sie während der Ereignisse »weiß wie ein Marmor« wurde und ihren »Bräutigam […] seltsam von der Seite« (S. 38) anblickte, doch wird sie zu diesem Zeitpunkt noch nicht aktiv. Erst nachdem Wenzel gegangen ist, regt sie sich:

■ Zustand der Versteinerung

> »Inzwischen erhob auch Nettchen sich von ihrem einsamen Sitze. Sie hatte dem abziehenden Geliebten gewissermaßen aufmerksam nachgeschaut, saß länger als eine Stunde unbeweglich da und stand dann auf, indem sie bitterlich zu weinen begann und ratlos nach der Türe ging.« (S. 40 f.)

■ Tiefpunkt der Krise

Von diesem Augenblick an wandelt sich die innere und äußere Schockstarre Zug um Zug in eine wortlose Auflehnung gegen das Geschehene: Verhüllt sie sich zunächst »stumm«, so blickt sie anschließend »stolz und zornig um sich«, bevor sie bald darauf »festen Schrittes voran nach dem Hofe« geht, wo sie »rasch« in einem Schlitten Platz nimmt und »unversehens« die Pferde antreibt, um sodann »in starken Sätzen« (S. 41) auf die Landstraße hinauszufahren.

■ Rebellion als Selbstbefreiung

Der abrupte Umschlag von Bewegungslosigkeit in Bewegung, von Ratlosigkeit in Entschlossenheit und von Trauer in Zorn geht mit einem Raumwechsel einher, der durchaus metaphorisch als Vorgang einer spontanen persönlichen Reifung verstanden werden kann: Nettchen verlässt den Innenraum ihrer infantilen Traumwelt und begibt sich als Handelnde in die Realität einer eiskalten Winternacht, in der ihr Geliebter bereits »auf dem knisternden Schnee« (S. 40) eingeschlafen und damit dem Tode ausgeliefert ist.

Raumwechsel und innerer Wandel

Wie in einem Widerhall von Wenzels Blick auf ihre Hände und auf ihren Kopf zum Zeitpunkt ihrer ersten Begegnung (vgl. S. 19 f.) führt sie nun – nach der Trennung – im Schlitten die Pelzmütze und Handschuhe mit sich, die Wenzel bei seinem letzten, verzweifelten Aufbruch in die »Dunkelheit des Waldes« (S. 38) zurückgelassen hat.

Im Fokus: Haupt und Hände

Bei ihrer konzentrierten Suche nach dem Geliebten erweist sich Nettchen als fähig, ungeachtet ihrer »traurigen« Stimmungslage den Weg mit »scharfen Augen« (S. 42) abzusuchen. Als »die einsame Schöne« schließlich den »langhingestreckte[n] Wenzel« entdeckt und »die Gefahr« erkennt, »in der sein Leben schwebt«, ergreift sie »unbedenklich« und »[a]lles andere vergessend« (S. 43) die einzig richtigen Maßnahmen, um den »glücklich Unglückliche[n]« (S. 44), wie ihn der Erzähler in einer paradoxen Formulierung bezeichnet, zu retten. Mit der Autorität einer Frau, die durch ihren Geliebten Opfer eines ungeheuren Betrugs geworden ist, gibt sie dem aus seiner Bewusstlosigkeit erwachten ›Täter‹ Anweisungen für das weitere Vorgehen: Nach der unmissverständlichen Auf-

Die Vernunft als Wegweiser

forderung »Komm, fremder Mensch!« (S. 44) und der Offenbarung ihres weiteren Planes (»ich werde mit dir sprechen und dich fortschaffen!«, S. 44) fährt sie zu einem ihr vertrauten Bauernhof, wo sie »mit einem kräftigen Peitschenknallen vor dem Hause« (S. 44) hält und eingelassen wird. Dort stellt sie Wenzel die für sie alles entscheidende Frage nach dessen Motiven, indem sie sich mit den Worten »Wer sind Sie? Was wollten Sie mit mir?« an ihn wendet und schließlich erneut mit dem keinen Widerspruch duldenden Satz »Ich wünsche zu wissen, wer Sie eigentlich seien und woher Sie kommen und wohin Sie wollen?« (S. 46) endgültige Aufklärung verlangt.

Während ihres ›Verhörs‹ geschieht es allerdings, dass Nettchen kaum noch ihren unnachgiebig-strengen Ton aufrechterhalten kann, weil sie die Einzelheiten von Wenzels seltsamer Geschichte zum Lachen reizen. Mehr noch als in ihrem bestimmten und pragmatischen Handeln erweist sich in dem Anklang von Humor Nettchens Fähigkeit, die private Tragödie zu relativieren. Im Lachen, das eine Distanz zu der eigenen Betroffenheit schafft, erlangt die junge Frau die notwendige Souveränität, um wie bei der vorausgegangenen Schlittenfahrt, doch diesmal im übertragenen Sinne, die Zügel in die Hand nehmen zu können.

Nettchen nimmt die Zügel in die Hand

Auf die Sprache der Vernunft folgt allerdings schon bald wieder die Sprache der Gefühle. Als Nettchen auf ihre nüchternen Fragen hin von Wenzel ein Liebesgeständnis erhält, wahrt sie zwar den sachlichen Ton der Distanz (»Haben Sie dergleichen oder ähnliche Streiche früher schon begangen und fremde Menschen angelogen [...]?«, S. 47), doch beschleunigt sich zugleich der Rhythmus ihres Herzens, das »wunderlich klopft« (S. 47). Aber erst bei der unerwarteten Entdeckung ihrer gemeinsamen Kindheit, seit welcher Wenzel – wie er berichtet – niemals aufgehört hat, an »das schöne Kind« (S. 51) zu denken, verliert sie ihre inzwischen nur noch mühsam aufrechterhaltene Selbstbeherrschung:

Herzschlag der Liebe

> »Nach kurzem Schweigen, indem ihre Brust sich zu heben begann, stand Nettchen auf, ging um den Tisch herum dem Manne entgegen und fiel ihm um den Hals mit den Worten: ›Ich will dich nicht verlassen! Du bist mein, und ich will mit dir gehen trotz aller Welt!‹« (S. 51 f.)

Du bist mein, ich bin dein

Nettchen fällt in diesem Augenblick bedingungsloser Hingabe an Wenzel Strapinski jedoch nicht wieder in ihre einstigen infantilen Denk- und Verhaltensmuster zurück. Sie zeigt vielmehr eine neue Selbstbestimmtheit und Ernsthaftigkeit, durch die ihr romantisches Ideal der absoluten Liebe und eine kluge Ausrichtung an den Bedingungen und Möglichkeiten der Wirklichkeit vereint werden. Nettchen ist nach den Worten des Erzählers »keineswegs so blöde«, ihr »Schicksal nicht selbst ein wenig lenken zu wollen« (S. 52). Stattdessen fasst sie »rasch und keck neue Entschlüsse«, die in dem Ausruf »Keine Romane mehr!« auch eine Absage an die fortbestehenden Illusionen

Selbstbewusstsein

Von der Fiktion zur Wirklichkeit

ihres Verlobten sind, der »in unbekannte Weiten […] ziehen« und dort »in stillem Glücke« und »geheimnisvoll romantisch« (S. 52) leben will. In einer instinktiven Abkehr vom Gedanken an eine Flucht ins Unbestimmte besinnt Nettchen sich auf die Notwendigkeit, die Wirklichkeit selbst zu gestalten:

> »Nun wollen wir«, so meint Nettchen, »gerade nach Seldwyl gehen und den Dortigen, die uns zu zerstören gedachten, zeigen, dass sie uns erst recht vereinigt und glücklich gemacht haben! […] Wir wollen nach Seldwyla gehen und dort durch Tätigkeit und Klugheit die Menschen, die uns verhöhnt haben, von uns abhängig machen!« (S. 52)

Motiv der Rache

Dieses strategische Kalkül geht schon bald in vollem Umfang auf, als das Ehepaar zu gesellschaftlichem Ansehen gelangt.

Emanzipation einer Frau

Nettchens Porträt ist damit eine Geschichte von Reifung und Selbstverwirklichung. Sie entwickelt das Vermögen, an einem Tiefpunkt ihrer eigenen Existenz die ihr entsetzlich erscheinende Wirklichkeit konstruktiv zu wenden: Obwohl sie während ihrer prachtvollen Verlobungsfeier erfahren hat, dass ihr zukünftiger Mann eine falsche Identität besitzt und das Gegenteil einer Person von hohem Stand und Ansehen ist, ergreift sie die entscheidende Initiative, um sich mit Erfolg gegen die Katastrophe zu stemmen und sich selbst eine Zukunft als glückliche Ehefrau und Mutter zu sichern. Im Gegensatz zu Wenzel Strapinski, der von Anfang an bis zum Tag der Wiedervereinigung mit Nettchen ziellos durch sein Leben stolpert, entwickelt sich seine Geliebte, Verlobte und Ehefrau zu einer Persönlichkeit, die sich von phantastischen Denkmustern befreit und das bürgerliche Leistungsprinzip zur Grundlage ihres Lebens macht. Dabei verkehrt sie die traditionellen Rollenzuweisungen ihrer Zeit, welche dem Mann die Aufgabe der aktiven Wirklichkeitsgestaltung und der Frau die Aufgabe der passiven Unterwerfung unter die dominant patriarchalen Regeln und Gesetze des herrschenden Gesellschaftssystems zuweisen.

Melchior Böhni

Als »Buchhalter einer großen Spinnerei« (S. 12 f.) ist Melchior Böhni, dessen Nachname in einer ironischen Brechung ›kleine Bohne‹ bedeutet, eine ranghohe und einflussreiche Figur der oberen Gesellschaftsschicht von Goldach. Er verkehrt unter anderem nicht nur mit dem Stadtschreiber, einem leitenden Verwaltungsbeamten, sondern er trifft sich auch regelmäßig mit dem Notar (vgl. S. 12), der eine ebenfalls bedeutsame Stellung in der Stadt innehat. Weitere Honoratioren im sozialen Umfeld von Melchior Böhni entstammen der jüngeren Generation von Firmennachfolgern in Familienunternehmen, unter ihnen »der ältere Sohn des Hauses Häberlin und Cie.« sowie »der jüngere [Sohn] des Hauses Pütschli-Nievergelt« (S. 12).

Mitglied der Goldacher High Society

Der Erzähler bezeichnet alle diese hochrangigen Männer aus Verwaltung, Rechtswesen und Wirtschaft als »Mitglieder guter Häuser« (S. 13), die eine angesehene Stellung innerhalb der Stadtgemeinschaft haben. Dass auch Melchior Böhni finanziell und materiell gut ausgestattet ist, ergibt sich aus ausdrücklichen Hinweisen auf seinen relativ aufwendigen Lebensstil in den besten Kreisen von Goldach. Während er »Geschäfte zu besorgen« hat, fährt er, »seine beste Zigarre rauchend«, in »einem leichten Schlitten« (S. 31) dahin, der zwar nach Angaben des Erzählers »ein bescheidener Einspänner« (S. 32), zugleich aber auch der aufmerksam gehütete Besitz seines Eigentümers ist. Dieser bringt den Schlitten nämlich »sorglich beiseite« (S. 34), als die Handlung mit der bevorstehenden Entlarvung von Wenzel Strapinskis falscher Identität auf ihren dramatischen Höhepunkt zusteuert.

■ Besitzbürgertum: Leben im Luxus

Melchior Böhni ist ein Bürger, der – seinem Beruf als Buchhalter gemäß – Ordnung und Sicherheit sehr schätzt und sich auf die Berechenbarkeit der Dinge verlässt. Zugleich aber bemerkt man auch bei ihm einen Erlebnis- und Ereignishunger. Anders als der Rest der Goldacher Bevölkerung fällt er nicht auf die Maskerade Strapinskis herein, sondern erkennt klug und wachsam gleich zu Beginn den Schwindel. Er reibt sich »vergnügt die Hände« (S. 16), als er die Identität des vermeintlich geheimnisvollen Grafen in Zweifel zieht, denn er hofft auf einen Skandal, der in das mutmaßlich eintönige Leben der Kleinstadt Goldach eine sensationelle Abwechslung bringt. Seine Spielernatur, die Melchior Böhni offenbar in den zahlreichen gesellschaftlichen Gelegenheiten zum Karten- und Würfelspiel auslebt, veranlasst ihn, das Geheimnis seiner Entdeckung zu wahren (vgl. S. 16). Zunächst ist er »nicht übel gegen [Strapinski] gesinnt«, denn er bemerkt, dass der falsche Graf sich »bescheiden und nüchtern« (S. 17) verhält. Erst als die Verlobung mit Nettchen bekanntgegeben wird, um deren Hand Böhni selbst erfolglos anhielt, entschließt er sich, den Schwindel aufzudecken. So handelt er im Verborgenen und verbündet sich mit den Seldwylern; sicherlich ist es kein Zufall, dass der Schneiderzug aus Seldwyla zur selben Zeit in dem Gasthaus eintrifft, in welchem Wenzel und Nettchen ihre Verlobung feiern – und das erst kurz nachdem Melchior Böhni in Seldwyla »Geschäfte zu besorgen« (S. 33) hatte. Und es ist ebenfalls Böhni, der die »dunkle[n] Empfindungen« (S. 34), die Strapinski beim Anblick des Festzugs verspürt, zu zerstreuen versucht, indem er »laut, dass dieser es hören konnte, eine ganz andere Ortschaft als den Ursprungsort des Maskenzuges« (S. 34) nennt.

Der große Manipulator

Melchior Böhni gefällt sich gleichsam in der Rolle eines Marionettenspielers, der die Fäden des gesellschaftlichen Lebens zieht und die Menschen zu seiner Freude zu Objekten des Spektakels macht. Dass er gerne vom Scheitern anderer Menschen profitiert, zeigt sich abermals in der Szene, die seine eigene Niederlage besiegelt: In der Stunde ihrer tiefsten Demütigung und ihres größten Schmerzes bietet er Nettchen, der »verehrten Unglücklichen«, welcher er sich

Erschaffer seines eigenen Schauspiels

in vorgetäuschter Hilfsbereitschaft »freundlich, demütig und lächelnd nähert« (S. 41), ein sicheres Geleit nach Goldach an. Diese aber lässt ihn stehen und begibt sich auf die Suche nach ihrem Verlobten.

Asoziales Naturell

Jenseits der angedeuteten privilegierten Vermögensverhältnisse bleiben die Familienverhältnisse von Melchior Böhni weitgehend unklar, denn es gibt keinerlei Hinweise auf seine Eltern, Geschwister oder sonstige Verwandte. Der äußerlich wahrnehmbare Mangel an familiären und auch an freundschaftlichen Bindungen entspricht dem inneren Mangel an Mitgefühl und Zuneigung. Das kühle Kalkül eines reinen Utilitaristen und berechnenden Egoisten stellt ihn in ein kaltes Licht, da er einzig danach strebt, sich persönliche Vorteile und privaten Gewinn zu verschaffen.

4. Form und literarische Technik

Kleider machen Leute – eine Novelle

Kleider machen Leute ist eine Novelle. Dies ist ein Gattungsbegriff, der eine lange literarische Tradition hat und mit spezifischen, wenn auch nicht immer eindeutigen Textmerkmalen verbunden ist. Als wichtigste Besonderheiten kann man benennen:

- Thematisierung einer außergewöhnlichen Begebenheit (nach Goethe)
- Nähe zur klassischen (dreiteiligen) Dramenform mit Höhe- und Wendepunkt (nach Storm)
- straffer, geradliniger Handlungsverlauf (im Unterschied zum Roman)
- mittlerer Umfang (im Unterschied zum Roman und zu Kurzformen wie Kurzgeschichten)
- Verwendung von Dingsymbolen und Leitmotiven (dieser Aspekt wird ausführlich im Kapitel 6 »Interpretationsansätze«, S. 67–77, dargestellt)

Johann Wolfgang Goethe definierte die Novelle als »eine sich ereignete, unerhörte Begebenheit«. Geht man von dieser Bestimmung aus, so gerät man bei der Lektüre von *Kleider machen Leute* direkt ins Zentrum der geradezu aberwitzigen Geschichte. Es wird erzählt, wie ein Mann niederen Standes einzig seines vornehmen Aussehens und Auftretens wegen zunächst für eine bedeutende Persönlichkeit gehalten

■ Goethes Novellendefinition

■ Vom ›Lügenbaron‹ zum tüchtigen Bürger

wird und nach seiner Demaskierung trotz seines moralisch fragwürdigen Handelns und der gesellschaftlichen Ächtung zu einem erfolgreichen Geschäftsmann, zu einem glücklichen Ehemann und Familienvater wird. Im ersten Teil der Novelle gelangt der mittellose Schneider Strapinski durch Zufall und Glück zu Ansehen und zu einem gewissen Reichtum. Dieser ermöglicht ihm den Umgang mit der gehobenen Gesellschaft, und so lernt er Nettchen, die Tochter des Amtsmanns, kennen und verlobt sich mit ihr. Im zweiten Teil aber werden die Lügen entlarvt und Strapinski bloßgestellt. Allein der Entschlossenheit seiner Frau ist es zu verdanken, dass er nicht gesellschaftlich geächtet wird, sondern sich eine Existenz als angesehener Geschäftsmann aufbauen kann. Die Novelle trägt damit sozialutopische Züge, weil der doppelte Absturz des Helden, zunächst der in die Arbeits-, Mittel- und Obdachlosigkeit, sodann der in den totalen Verlust von Ansehen und Würde, keine endgültige Vernichtung zur Folge hat. Das Unglaubliche besteht darin, dass eine Täuschung, eine moralisch fragwürdige Handlung, letzten Endes keine negativen Konsequenzen nach sich zieht, sondern zur Wahrheit und zum Glück der Beteiligten führt (dritter Teil).

■ »Schwester des Dramas«

■ Dramatische Struktur

Mit dem Gattungsverständnis des Schriftstellers Theodor Storm, der die Novelle als »Schwester des Dramas« betrachtete, erkennt der Leser von *Kleider machen Leute* den typischen dreiteiligen Aufbau eines klassischen Dramas. Nach einem privaten Desaster (Phase 1, Exposition) verkehrt sich die desolate Situation der Hauptfigur in ihr Gegenteil: Wenzel Strapinski wird zum begehrten Objekt einer kleinstädtischen Öffentlichkeit, die ihn irrtümlich für einen polnischen Grafen hält. Auf dem Höhepunkt seines Glücks wird er, der gerade seine Verlobung feiert, als Betrüger bloßgestellt (Phase 2, Höhepunkt/Wende). Einzig die Errettung des Verstoßenen durch seine Verlobte Nettchen ermöglicht ihm einen Neubeginn als Mitglied der bürgerlichen Gesellschaft und führt schließlich zum Endpunkt der Handlung (Phase 3), dem Happy End.

Entsprechung von Gestalt und Gehalt

Der formalen Struktur entspricht die Entwicklung von einem oberflächlichen und verkümmerten Liebesverständnis hin zu einem tiefen und echten. Während die Anfangsphase von klischeehaften und daher trügerischen Vorstellungen einer romantisch verklärten Beziehung (Nettchen) sowie von der Vorspiegelung einer falschen Identität (Wenzel) bestimmt ist, zeichnet sich die Schlussphase durch die Hinwendung zu einer authentischen Liebesbeziehung zweier ebenbürtiger Partner aus (siehe Tabelle S. 44 ff.).

Vom Träumer zum Realisten

Wie auch die übrigen neun Texte aus der Novellensammlung *Die Leute von Seldwyla* konzentriert sich *Kleider machen Leute* auf einen extrem krisenhaften Moment und Wendepunkt, und zwar hier im Leben eines Menschen, welcher sich von den Illusionen einer materiell und sozial privilegierten Existenz blenden lässt. Einzig die Liebe und Tatkraft einer Frau öffnen ihm den Blick für die Wirklichkeit und weisen ihm den Weg zurück in die gesellschaftliche Ord-

	Struktur der Novelle
Teil I	**Exposition: Umschlag von Unglück in Glück** Nach dem unverschuldeten Verlust seines Arbeitsplatzes verlässt der mittellose Schneider »[a]n einem unfreundlichen Novembertage« (S. 3) die Kleinstadt Seldwyla und bricht zu Fuß nach Goldach auf. Erster Umschlag von Unglück in Glück: Bei seiner Ankunft in Goldach wird er für einen »Grafensohn« (S. 5) gehalten, da er in einem »vornehme[n] Fuhrwerk« (S. 4) reist und zudem ein »edles und romantisches Aussehen« (S. 3) hat. Die Bürger von Goldach behandeln den mutmaßlich vermögenden Reisenden dementsprechend fürstlich: • Er wird im Gasthof wie ein erstklassiger Gast bewirtet. • Er folgt einer Einladung auf das Gut des Amtsrats, wo er beim Glücksspiel Geld gewinnt. • Am Tisch erhält er »den Ehrenplatz neben der Tochter des Hauses« (S. 19). • Im Gasthof wird er in einem komfortablen Zimmer einquartiert. • Von den vermögenden Bürgern der Kleinstadt wird er mit Luxusartikeln beschenkt. Der geheimnisvolle Fremde passt sich im weiteren Verlauf immer mehr dem Bild eines polnischen Grafen an: • Er legt eine falsche Fährte, wenn er dem Wirt sagt, dass man »[s]eine Spur verlieren« (S. 21) müsse. • Er verlängert seinen Aufenthalt in Goldach, um dort am gesellschaftlichen Leben der Oberschicht teilzuhaben. • Er hält um Nettchens Hand an und feiert eine pompöse Verlobung.

Teil II

Höhepunkt/Wendepunkt: Umschlag von Glück in Unglück

Zweiter Tiefpunkt: Der vermeintliche Graf wird während seiner Verlobungsfeier in einer karnevalesken Show der Seldwyler als einfacher Handwerker bloßgestellt und als Betrüger lächerlich gemacht:
Die Demaskierung erfolgt in mehreren Stufen, welche eine gegenläufige Bewegung zu der Entwicklung vom armen Schneider zum verschwenderischen Verlobten darstellen:

- Schlittenzug der Seldwyler kommt dem Verlobungszug entgegen (vgl. S. 33);
- Zug stellt in einer monströsen Form das Schneiderhandwerk der Selbstinszenierung als Graf entgegen (ebd.);
- am Ort der Verlobungsfeier stellen die als Schneider verkleideten Seldwyler in einem Schautanz die Verkleidung Strapinskis in einen »stolze[n] Weltmann« (S. 36) nach und entlarven ihn, d. h. machen ihn wieder vom Grafen zum Schneider;
- zum Schluss wird er öffentlich verhöhnt und beschimpft (»Wasserpolacke[ ]«, S. 37) und damit gesellschaftlich vernichtet.

Nach der Enthüllung seiner wahren Identität verlässt er weinend den Festsaal, geht in die eisige Winternacht hinaus und legt sich auf dem Weg nach Seldwyla in den Schnee. Mit dem öffentlichen Totalverlust seiner Ehre und seiner Würde verliert Wenzel nicht nur alle sozialen Bindungen, sondern damit auch zugleich die Bindung an sein eigenes Leben, so dass ihm der tatsächliche Tod wie die letzte Möglichkeit einer Befreiung vom gesellschaftlichen Tod erscheint.

Teil III	Happy End: Zweiter Umschlag von Unglück in Glück
	Der im Schnee liegende Held wird von seiner Verlobten Nettchen vor dem physischen Kältetod und vor dem Ende seines gesellschaftlichen Lebens gerettet. • Nettchen erlangt in einem langen Gespräch mit Wenzel Klarheit über dessen moralische Integrität. • Sie erfährt, dass Wenzel und sie sich während ihrer Kindheit bereits kannten und einander verbunden waren. • Sie entscheidet sich für eine Ehe mit Wenzel Strapinski. Das idyllische Schlussbild der wohlhabenden und kinderreichen Familie markiert jedoch in einer ironischen Brechung das ernüchternde Ende einer romantischen und träumerischen Figur durch deren Integration in die soziale und ökonomische Wirklichkeit der bürgerlichen Ordnung.

nung, wo er es letzten Endes trotz seiner Verfehlungen zu Ansehen und Wohlstand bringt.

■ Wandlung und Verwandlung

Analog zum Entwicklungsroman ist der Held am Ende der Erzählung ein völlig anderer als zuvor. Über dramatische Stationen eines existenziellen Konflikts wird er vom armen und einsamen Heimatlosen zu einem vermögenden Geschäftsmann sowie zu einem Ehemann und Vater zahlreicher Kinder. In der satirischen Verfremdung durch den Erzähler wird dieser »angesehene[] Mann« (S. 58) allerdings auch als eine tendenziell lächerliche Figur dargestellt.

■ Überschaubare Handlung

Kleider machen Leute ist eine Erzählung von mittlerer Länge, deren Figurenrepertoire auf wenige Hauptfiguren beschränkt bleibt. Damit erfüllt sie ein weiteres wichtiges Kriterium einer Novelle.

Raum und Zeit

Raum und Zeit der Handlung sind ebenfalls eng umgrenzt. Die Ereignisse spielen im Verlauf eines Winters in zwei nahe beieinander gelegenen Ortschaften: Seldwyla und Goldach. Deren provinzielle Enge und Abgeschiedenheit sowie die Monotonie des alltäglichen bürgerlichen Lebens werden durch die sowohl komischen als auch tragischen Momente eines Einzelschicksals durchbrochen. Während sich allerdings die Bewohner der Städte Seldwyla und Goldach wie sensationshungrige Voyeure erst an dem Auftauchen eines mysteriösen Mannes und dann an dessen öffentlicher Bloßstellung ergötzen, erschließt sich dem Leser die eigentliche Dimension der Erzählung. Diese handelt von einer individuellen Existenz, welche die Natur des Menschen im Spannungsfeld zwischen Unzulänglichkeit und Größe, zwischen Unglück und Glück, zwischen Selbst- und Fremdbestimmung illustriert. Dabei ist die Jahreszeit des Winters nicht zufällig gewählt: als vorübergehende Phase der todesähnlichen Erstarrung allen Lebens und Zeit vor dem Frühling, in dessen Verlauf die Natur zu neuem Leben erwacht, können auch Wenzel Strapinskis Willenlosigkeit, sein zunächst ängstliches Erstarren und das spätere neue Aufkeimen seiner Existenz als Analogie zur Jahreszeit gelesen werden.

Erzählperspektive

Lineare Erzählführung

In *Kleider machen Leute* wird linear, also in weitgehend chronologischer Reihenfolge, die Geschichte vom sozialen Aufstieg und Fall des Wenzel Strapinski, eines Mannes von geringem Stand, erzählt. Nur einmal wird die Chronologie unterbrochen, wenn der Protagonist Strapinski nach seiner Entlarvung durch die Seldwyler von seiner Verlobten dazu aufgefordert wird, sich zu erklären und er daraufhin in einer Rückblende von seiner Kindheit und den jüngsten Ereignissen berichtet.

Auktorialer Erzähler

Der auktoriale (allwissende) Erzähler schildert nicht nur das Geschehen, sondern er hat auch Einblick in die Figuren, deren Gedanken und Gefühle er ebenfalls mitteilt; er begleitet die Handlung durch mehr oder weniger ausdrückliche Kommentare, welche die Perspektive des Lesers leiten und lenken.

Ambivalente Erzählhaltung

Dabei wechseln Momente einer von Empathie getragenen Nähe mit solchen einer ironischen bis kühlen Distanz ab, aus welcher die Menschen wie typenhafte Akteure einer Provinzposse erscheinen. So betont er beispielsweise auf der einen Seite, dass Wenzel Strapinski trotz seiner Armut einen wertvollen Pelzmantel trage, »ohne dass er etwas Schlimmes oder Betrügerisches dabei im Schilde führte« (S. 3). An anderen Stellen hingegen weist er mehrfach darauf hin, wie derselbe Mann immer mehr seine ursprüngliche Unschuld verliert: Er »verwickelt« sich nach den Worten des Erzählers bei seinem Aufenthalt in Goldach schon bald »in die erste selbsttätige Lüge« (S. 8), bevor er bald darauf »den zweiten selbsttätigen Fehler« (S. 9) begeht.

Schließlich erscheint der Held aus der Perspektive des Erzählers nicht nur als Täter, sondern auch als lächerliche Figur, die meint, in Goldach »in eine Art moralisches Utopien hineingeraten« zu sein. Wenzel Strapinski ist demnach »geneigt zu glauben, die wunderliche Aufnahme, welche er gefunden [hat], hänge« damit zusammen, dass »das Sinnbild der Waage, in welcher er wohnte, bedeute, dass dort das ungleiche Schicksal abgewogen und ausgeglichen und zuweilen ein reisender Schneider zum Grafen gemacht würde.« (S. 25)

■ Der Held als Witzfigur

Wenig später erklärt der Erzähler Wenzel Strapinskis endgültige Entscheidung zur Fortsetzung seines Betrugs damit, dass »der Geist in ihn gefahren« (S. 26) sei, da er sich dem Bild, das die Bewohner von ihm als einem geheimnisvollen Aristokraten haben, systematisch anzupassen versucht. Auf diese Weise, so urteilt der Erzähler, »ward er rasch zum Helden eines artigen Romanes, an welchem er gemeinsam mit der Stadt und liebevoll arbeitete, dessen Hauptbestandteil aber immer noch das Geheimnis war.« (S. 27)

■ Ironische Distanz des Erzählers

Auch Nettchen gegenüber zeigt sich der Erzähler ambivalent, denn er hebt im Verlauf der Handlung sowohl ihren provinziellen Hang zu Verhaltensweisen nach »Art behaglicher Kleinstädterinnen« (S. 19) als auch ihre menschliche Größe hervor, als sie »ihre rechte Verlobung aus tief entschlossener Seele«

■ Nettchen aus der Sicht des Erzählers

(S. 52) feiert und mutig und entschlossen eine gemeinsame Zukunft mit dem buchstäblich am Boden liegenden Strapinski plant. Analog zu der Entwicklung der jungen Frau von einer Romantikerin zu einer Realistin entwickelt sich das Verhältnis Nettchens zu ihrem Vater von demjenigen eines Kindes hin zu demjenigen einer erwachsenen Frau. Während der Amtsrat in einer Rede anlässlich der Verlobung seiner Tochter diese aufgrund ihrer infantilen Vorliebe für exotische Männerfiguren als »törichte[s] Mädchen« und als »Gans« (S. 30) bezeichnet, tritt ihm nach Nettchens Entscheidung zu einer Ehe mit dem Schneider aus Seldwyla nicht mehr ein »verzogene[s] Kind« (S. 31), sondern eine selbstbewusste Frau entgegen, die ihm »mit Ruhe und sanfter Festigkeit« (S. 54) ihre Zukunftspläne in einem Fünf-Punkte-Katalog vorträgt:

Selbstgewissheit und Willenskraft

»Sie dankte ihrem Vater mit Rührung für alle ihr bewiesene Liebe und Güte und erklärte sodann in bestimmten Sätzen: erstens sie wolle nach dem Vorgefallenen nicht mehr in Goldach leben, […] zweitens wünsche sie ihr bedeutendes mütterliches Erbe an sich zu nehmen […]; drittens wolle sie den Wenzel Strapinski heiraten, woran vor allem nichts zu ändern sei; viertens wolle sie mit ihm in Seldwyla wohnen und ihm da ein tüchtiges Geschäft gründen helfen, und fünftens und letztens werde alles gut werden; denn sie habe sich überzeugt, dass er ein guter Mensch sei und sie glücklich machen werde.« (S. 54)

Insgesamt ist der Erzähler durch eine grundsätzlich positive Haltung mit den beiden Hauptfiguren Wenzel Strapinski und Nettchen verbunden. Sie nehmen im Laufe der Geschichte zunehmend die individuellen Züge zweier sich liebender Menschen an, deren glückliche Verbindung auch der Leser ohne Vorbehalt ersehnt. Selbst bei der öffentlichen Entlarvung des falschen Grafen, im Augenblick der tiefsten Beschämung und Entehrung (Wenzel) bzw. im Moment der größten Enttäuschung und Entfremdung (Nettchen) legt der auktoriale Erzähler im Ton des Mitfühlens ein uneingeschränktes Mitleid nahe:

■ Insgesamt positive Einstellung zu den Hauptfiguren

> »Das Paar […] saß unbeweglich auf seinen Stühlen gleich einem steinernen ägyptischen Königspaar, ganz still und einsam; man glaubte den unabsehbaren glühenden Wüstensand zu fühlen.
> Nettchen, weiß wie ein Marmor, wendete das Gesicht langsam nach ihrem Bräutigam und sah ihn seltsam von der Seite an.
> Da stand er langsam auf und ging mit schweren Schritten hinweg, die Augen auf den Boden gerichtet, während große Tränen auf denselben fielen.
> Er ging durch die Goldacher und Seldwyler […] hindurch wie ein Toter, der sich gespenstisch von einem Jahrmarkt stiehlt, und sie ließen ihn seltsamerweise auch wie einen solchen passieren, indem sie ihm still auswichen, ohne zu lachen oder harte Worte nachzurufen.« (S. 38)

■ Mitgefühl in der Katastrophe

Figurenrede

Die einzigen Abschnitte, in welchen der Erzähler als erkennbare Stimme von Bericht, Beschreibung und Kommentar zurücktritt, sind diejenigen, in denen die Figuren in direkter, wörtlicher Rede miteinander sprechen. In *Kleider machen Leute* ragen diesbezüglich besonders die langen Dialoge zwischen Wirt und Köchin im Gasthof zur Waage (vgl. S. 5 ff.) sowie zwischen Nettchen und Wenzel in einem Bauernhaus (vgl. S. 46 ff.) heraus. Indem diese jeweils unmittelbar nach dem Beginn der Novelle und vor deren Ende platziert sind, entsteht der Eindruck, dass sie in eine bewusste Opposition zueinander gesetzt sind: Hier das Feilschen eines Gasthofbetreibers und seiner Angestellten um die Qualität des Essens, das dem mutmaßlichen polnischen Grafen gereicht werden soll, dort – im Gegensatz dazu – das Bemühen um Verständnis für ein verwerfliches Handeln, ein Bemühen, das mit der Wiedervereinigung und der Hochzeit von Nettchen und Wenzel sein Ende findet.

Streit- und Versöhnungsgespräch

Merkmale des realistischen Stils

Kleider machen Leute kann epochengeschichtlich dem poetischen Realismus zugeordnet werden. Diese Epoche folgte auf die Romantik und knüpfte noch vielfach daran an (vgl. dazu ausführlicher Kapitel 7 »Autor und Zeit«, S. 97–99). Sichtbar wird das auch an stilistischen Merkmalen, die im Folgenden dargestellt werden. Zunächst zum realistischen Stil:

Betrachtet man, wie der Karnevalszug dargestellt ist, mit welchem die Seldwyler dem festlichen Schlittenzug der Goldacher Verlobungsfeier entgegenziehen, so fällt die Genauigkeit auf, mit welcher der Erzähler den Vorgang wie mit einer Kamera festhält. Aus einer entfernten Perspektive nimmt er mit fast allen Sinnen wahr, wie auf einmal »lustige Musik« ertönt und aus dem »duftig bereiften Walde heraus [...] ein Wirrwarr von bunten Farben und Gestalten« (S. 32) herausbricht. Überaus plastisch skizziert er den »Schlittenzug, welcher hoch am weißen Feldrande« (S. 33) hingleitet, bevor er vom Standpunkt seiner Beobachtungen aus die »große[n] bäuerliche[n] Lastschlitten« (S. 33) in den Blick nimmt und in markanten Einzelheiten beschreibt:

> »Auf dem vordersten Fuhrwerke ragte eine kolossale Figur empor, die Göttin Fortuna vorstellend, welche in den Äther hinauszufliegen schien. Es war eine riesenhafte Strohpuppe voll schimmernden Flittergoldes, deren Gazegewänder in der Luft flatterten. Auf dem zweiten Gefährt aber fuhr ein Ziegenbock einher, schwarz und düster [...] und mit gesenkten Hörnern der Fortuna nachjagend. Hierauf folgte ein seltsames Gerüste, welches sich als ein fünfzehn Schuh hohes Bügeleisen darstellte, dann eine gewaltig schnappende Schere [...].« (S. 33)

In der Bestimmung von Farbe, Form und Material verdichtet sich die Wiedergabe der wahrnehmbaren

Natur zu einer Bildhaftigkeit, welche die gesamte Handlung durchzieht. Überflüssiges wird ausgelassen, so dass die Leser ein einfach gezeichnetes, aber konkretes Bild der Kulisse erhalten.

■ Unmittelbare Darstellung der Dialoge

Ebenfalls sehr realistisch ist die Wiedergabe der Dialoge: Indem der Erzähler die handelnden Figuren selbst ausführlich zu Wort kommen lässt, erweckt er bei den Lesern den Eindruck der unmittelbaren Teilhabe an den Ereignissen. Insbesondere an zwei Stellen der Erzählung, denen auch eine herausragende Bedeutung für das Textverständnis zukommt, gibt er den Verlauf von Gesprächen sehr ausführlich wieder: Die verbale Auseinandersetzung von Wirt und Köchin (S. 5–7) anlässlich des Empfangs von Strapinski ist ein erster, maßgeblicher Beitrag zur witzigen Demaskierung des Goldacher Bürgertums. In Rede und Gegenrede offenbaren hier der Inhaber des Gast- und Wirtshauses zur Waage und die ihm untergebene Köchin eine Verschlagenheit, die sich allein auf die Durchsetzung von Profit- und Machtinteressen richtet. Gehörte der Wirt schon von Anfang an zu jenen Figuren, die sich blindlings dem Bann des geheimnisvollen Grafen unterwerfen (»Da stürzten Wirt und Leute herunter und rissen den Schlag [der Kutsche] auf«, S. 4), so unterwirft er seinerseits nur wenig später den fremden Gast seiner vermeintlichen Hausmacht, indem er nach dem devoten Angebot einer Dienstleistung (»Der Herr wünscht zu speisen?«, S. 5) gar keine Antwort abwartet, sondern ohne zu zögern buchstäblich eine Lüge auftischt, derzufolge alles vor-

■ Streitgespräch Wirt – Köchin

bereitet ist, um den Unbekannten zu versorgen: »[G]leich wird serviert werden, es ist eben gekocht!« (S. 5).

An dieses leere Versprechen des Wirtes schließt der Erzähler dessen aufgeregte Äußerungen gegenüber der Köchin an, die sich aus vulgären Flüchen, Selbstbemitleidungen und kindisch-ehrfürchtiger Gläubigkeit zusammensetzen:

Mündlichkeit

- »Ins drei Teufels Namen!« (S. 5)
- »So geht es! Den einzigen Tag, wo wir keinen Gast erwarten und nichts da ist, muss ein solcher Herr kommen!« (S. 5)
- »Und der Kutscher hat ein Wappen auf den Knöpfen und der Wagen ist wie der eines Herzogs! Und der junge Mann mag kaum den Mund öffnen vor Vornehmheit!« (S. 5)

An der letzten Aussage lässt sich zudem erkennen, dass der Wirt seinen Irrglauben auf bloße Äußerlichkeiten stützt.

Den wirren Worten ihres Arbeitgebers stellt die resolute Köchin ihrerseits praktische und zugleich betrügerische Vorschläge zur Lösung des Problems entgegen: »Hier sind zwei Schnepfen […], die kann man am Ende der Pastete zusetzen! Eine mit Schnepfen gefälschte Rebhuhnpastete werden die Leckermäuler nicht beanstanden!« (S. 6). Wie sich im Folgenden zeigen wird, geht es aber auch der Köchin in ihrer angeblichen Hilfsbereitschaft nicht um die Lösung des Problems, sondern um den Zugang zur Vorratskam-

Zitate als Dokumente menschlicher Amoralität

mer und damit um die Schlüsselgewalt über einen wichtigen Raum, der ihr bislang verschlossen geblieben ist:

> »[G]eben Sie nur den Schlüssel, dass man das Eingemachte und den Dessert herausnehmen kann! Und den Schlüssel könnten Sie, Herr! mir mit Ehren und Zutrauen übergeben, damit man Ihnen nicht allerorten nachspringen muss und oft in die größte Verlegenheit gerät!« (S. 6)

Die hier dargestellte Figurenrede gibt viel über die Sprechenden preis: Aus der wörtlichen Rede der handelnden Figuren erschließen sich deren Versuche zur Durchsetzung von Eigeninteressen. Die Sprache ist in diesem Dialog Manifestation eines von Falschheit und List durchdrungenen Ringens zwischen Arbeitgeber und Arbeitnehmerin um die Handlungshoheit innerhalb eines Betriebes. Hier wird um jeweilige Überlegenheit gerungen, wenn dies von den Rednern auch nie konkret formuliert wird.

■ Versöhnungsgespräch Nettchen – Wenzel

Ganz anders verhält es sich bei dem zweiten Gespräch, dem Dialog zwischen Strapinski und Nettchen, der ebenfalls in aller Ausführlichkeit zitiert und damit in das Zentrum der Handlung gehoben wird. Mit den Worten »Ich bin nicht ganz so, wie ich scheine!« (S. 46) eröffnet Strapinski das Gespräch, in welchem er seiner Verlobten die Wahrheit über seine Person und über die Motive seines Verhaltens in Goldach mitteilt. Dieses Selbstbekenntnis, welches für den Protagonisten und für das Liebespaar eine Schicksalswende markiert, steht in einem spiegelverkehrten Verhältnis zu dem Gespräch zwischen Wirt und Köchin zu Beginn der Geschichte. In diesem Dialog erklingt die Sprache zweier Liebender, die versuchen, ehrlich miteinander zu kommunizieren. Dass dies in einem Städtchen wie Goldach, in dem der Schein höher geschätzt wird als das Sein, nicht möglich ist, zeigt auch der Raum dieser Begegnung: »Jenseits des Waldes, unfern der Straße« (S. 44) und vor allem außerhalb von Goldach, können die beiden jungen Menschen offen und ehrlich miteinander kommunizieren, ohne den Schein wahren zu müssen.

Ehrlichkeit statt Heuchelei

Das realistische Schreiben beschränkt sich daher nicht auf die bloße Abbildung von Wirklichkeit, sondern zielt auf die Offenlegung von Widersprüchen und Brüchen innerhalb der Realität, die dadurch als fragwürdig und lächerlich entlarvt (Wirt – Köchin) oder als Ausgangspunkt für eine Neugestaltung genutzt wird (Wenzel – Nettchen).

Realismus als Weg zur Wahrheit

Der soeben beschriebenen Doppelung von Abbildung und Aufklärung im realistischen Schreiben entspricht diejenige von personaler und auktorialer Erzählsituation. Beide bilden das Fundament der Darstellung in der Novelle *Kleider machen Leute*, in welcher einerseits beschrieben und andererseits kommentiert wird.

Die Instanz des Erzählers

So folgt etwa der sachlichen Feststellung »er hasste und verachtete sich jetzt, aber er weinte auch über sich und seine unglückliche Verwirrung« (S. 39) eine wertende Stellungnahme des Erzählers, der nach einer Aneinanderreihung von menschlichen Vergehen (»Wenn ein Fürst Land und Leute nimmt; wenn ein Priester die Lehre seiner Kirche ohne Überzeugung verkündet, aber die Güter seiner Pfründe mit Würde verzehrt«, S. 39) zu dem Schluss kommt, dass die meisten Menschen trotz ihrer Amoral und trotz ihrer Widersprüche kein Unrechtsbewusstsein haben: »wenn ein Schwindler, der einen großen Kaufmannsnamen geerbt oder erschlichen hat, durch seine Torheiten und Gewissenlosigkeiten Tausende um ihre Ersparnisse und Notpfennige bringt, so weinen alle diese nicht über sich, sondern erfreuen sich ihres Wohlseins und bleiben nicht einen Abend ohne aufheiternde Gesellschaft und gute Freunde« (S. 39 f.). Indem der auktoriale Erzähler der allgemeinen gesellschaftlichen Praxis von groben Verstößen gegen Recht und Anstand die Sensibilität eines Einzelnen entgegenstellt (»Unser Schneider aber weinte bitterlich über sich«, S. 40), ergreift er für den Helden seiner Geschichte Partei.

■ Plädoyer für den Protagonisten

Merkmale der Romantik

Mit der Voreingenommenheit des urteilenden Erzählers ist auch die Subjektivität des Textes angesprochen, der durch unverkennbare Spuren der persönlichen Färbung auf den Anspruch einer pseudo-objektiven Wiedergabe von Geschehnissen ausdrücklich verzichtet – ein zentrales Merkmal romantischen Erzählens.

Die Suche der betrogenen und verlassenen Verlobten nach dem öffentlich gedemütigten Wenzel Strapinski wird beispielsweise in Worten erzählt, die dem Leser in berührender, mitunter in ergreifender Weise einen Einblick in die extreme psychische Verfassung von Nettchen und in die korrespondierende atmosphärische, die Wirklichkeit verklärende Stimmung geben. Demnach ist »ihre Seele wie in tiefer schwerer unglücklicher Vergessenheit befangen« (S. 42), als sie, »die einsame Schöne«, den »langhingestreckte[n] Wenzel« im »mondbeglänzten Schnee« entdeckt, wo sich »dessen dunkles Haar [...] mit dem Schatten der Bäume vermischt[ ], während sein schlanker Körper deutlich im Lichte« (43) liegt.

Verklärung der Wirklichkeit

Die hier zu beobachtende Inszenierung des Kontrastes von Dunkelheit und Licht entstammt dem Bildprogramm der Romantik, die aus dem Spektrum natürlicher Gegebenheiten schöpft, indem sie Farben und Formen, Flora und Fauna oder Phantasien und Gefühle durch Übersteigerung hervorhebt und ihnen auf diese Weise eine eigenständige Geltung verschafft. Kaum eine andere Szene versinnbildlicht das Märchenhafte der romantischen Mythologie mehr als die Szene, in der die Liebenden Wenzel und Nettchen sich trotz Wenzels düsterer Gedanken zum ersten Mal in den Armen liegen:

Parameter romantischer Kunst: Natur, Seele, Gefühl

> Da er »mit klopfendem Herzen ihr im Wege stand und bittend die Hände nach ihr ausstreckte, fiel sie ihm ohne weiteres um den Hals und fing jämmer

lich an zu weinen. Er bedeckte ihre glühenden Wangen mit seinen fein duftenden dunklen Locken und sein Mantel umschlug die schlanke, stolze, schneeweiße Gestalt des Mädchens wie mit schwarzen Adlerflügeln […].« (S. 30)

Zweimal Liebe

Das »wahrhaft schöne Bild« (S. 30) absoluter Liebe, das hier von dem Erzähler in einem entlarvenden Zusatz allerdings noch als Illusion gekennzeichnet wird – er spricht von einem »Bild, das seine Berechtigung ganz allein in sich selbst zu tragen schien« (S. 30) –, wandelt sich im Fortgang der Handlung jedoch mehr und mehr zu einem realistischen, nachdem die wahre Identität des Wenzel Strapinski enthüllt worden ist und seine Verlobte von der gemeinsamen Verbindung aus Kindertagen erfahren hat:

»Nach kurzem Schweigen, indem ihre Brust sich zu heben begann, stand Nettchen auf, ging um den Tisch herum dem Manne entgegen und fiel ihm um den Hals mit den Worten: ›Ich will dich nicht verlassen! Du bist mein, und ich will mit dir gehen trotz aller Welt!‹« (S. 51 f.)

Das bedingungslose Treueversprechen, das Nettchen abgibt, wird sich erfüllen, jedoch nicht im utopischen Kontext eines Lebens außerhalb der Gesellschaft, in das Wenzel Strapinski fliehen möchte, sondern vielmehr innerhalb der realen Rahmenbedingungen der bürgerlichen Ordnung. Anstatt »in unbekannte Weiten zu ziehen und geheimnisvoll romantisch dort zu leben in stillem Glücke« (S. 52), muss Strapinksi »bescheiden, sparsam und fleißig in seinem Geschäfte« (S. 57) arbeiten, um durch diese bürgerlichen Tugenden den Traum vom erfüllten Leben in Wohlstand zu verwirklichen. Am Ende unterliegt die Romantik dem Realismus.

Romantik – Realismus

5. Quellen und Kontexte

Novellensammlung *Die Leute von Seldwyla*

Kleider machen Leute ist eine von zehn Erzählungen aus der Novellensammlung *Die Leute von Seldwyla.* Diese ist in zwei Teilsammlungen unterteilt, von denen die erste fünf Novellen enthält, die im Jahre 1856 veröffentlicht wurden, darunter *Romeo und Julia auf dem Dorfe* und *Spiegel das Kätzchen.* Der zweite Erzählzyklus, der auch *Kleider machen Leute* enthält, entstand in der Zeit von 1860 bis 1875 und wurde ab 1873 publiziert.

Keller erwähnte den Titel dieser Novelle erstmals in einem Schreiben vom Dezember 1872, in dem er seinem Verleger Heinrich Vierweg die Gliederung des zweiten Teils der *Leute von Seldwyla* bekanntgab.[1] *Kleider machen Leute* wurde an den Anfang der insgesamt fünf Novellen aus dem zweiten Zyklus gestellt, weil diese Novelle nach der Auffassung des Autors am besten zu der Einleitung passte. In dieser beklagt Gottfried Keller den Einbruch des Kapitalismus in seine Schweizer Heimat. Insbesondere hält er die um sich greifende Profitgier der immer zahlreicher werdenden Spekulanten dafür verantwortlich, dass die Menschen nicht nur das Lachen verlernen, sondern vor allem auch immer unpolitischer und damit immer unkritischer und angepasster werden.[2]

Literarischer Reflex auf den Kapitalismus

1 Rolf Selbmann, *Erläuterungen und Dokumente. Kleider machen Leute*, Stuttgart 1984, S. 51 f.

2 »Vorrede Gottfried Kellers zum zweiten Teil der *Leute von Seldwyla*«, in: Gottfried Keller, *Kleider machen Leute*, hrsg.

Dieser gesellschaftskritischen Bezugnahme auf die negativen Ausprägungen des industriellen Zeitalters entsprechend lässt sich *Kleider machen Leute* auch als eine Satire auf die herrschenden Verhältnisse in der zweiten Hälfte des 19. Jahrhunderts lesen.

Zeitgeschichtliche Bezüge

Der Plot der Geschichte geht – unter anderem – auf reale Begebenheiten zurück. Eine davon ereignete sich in den Dreißigerjahren des 19. Jahrhunderts in der Schweizer Stadt Winterthur, wo der aus Polen stammende Graf Sobansky Opfer einer Hochstapelei wurde. Er nahm einen jungen Mann, der sich als Sohn eines Grafen ausgab, in seinem Haus auf. Auf Nachfragen, ob man die Familie über dessen Verbleib unterrichten solle, entgegnete dieser, dass er aus der Heimat habe fliehen müssen und seinen Aufenthaltsort deshalb niemandem verraten dürfe. Der Schwindel wurde erst bekannt, als der Mann einige Zeit später mit »geliehenem« Pferd und Schlitten und einigen ergaunerten Reichtümern verschwand.

Wichtiger ist der Betrugsfall, der sich während Kellers Beschäftigung als Sekretär des Zürcher »Komitees zur Unterstützung der Polen« (1863–65) ereignete. Julius Schramm, ein angeblich wegen eines Duells aus seiner Heimat geflohener Pole, schlich sich in das Komitee ein. Bald wurde durch Nachforschungen der Zürcher Polizei bekannt, dass es sich um einen Schwindler handelte und dass alle Geschichten über

von Wolfgang Pütz, Stuttgart 2017, S. 59 ff. (Reclam XL. Text und Kontext. 19378.)

Duelle und Verfolgung erfunden waren. Schramm floh, und Keller warnte die angeschlossenen Komitees in einem Rundschreiben vor dem »russischen Spion«[3], der als Spitzel entlarvt wurde. Für Keller war dieses Ereignis aber auch weiterhin von Interesse. 1864 schrieb er: »Ich habe Lust, eine kleine Studie über diesen Charakter von Spionen [!] zu schreiben, die Mittel, die er angewendet hat, um sich einzuführen, die Eigenschaften, die alle Individuen dieser Art gemeinsam haben und auf die man sein Augenmerk richten muss […].«[4]

Bezüge zur polnischen Nationalgeschichte

Mit diesen Ereignissen ist auch die Verbindung zu den erfolglosen Aufständen polnischer Nationalisten in den Jahren 1830, 1846 und 1848 gegen die russische Fremdherrschaft gegeben, welche den zeitgeschichtlichen Hintergrund von Kellers Novelle bilden. Indem Wenzel Strapinski den Eindruck vermittelt, er sei ein aus Polen geflüchteter Adliger (vgl. S. 21), nimmt die Erzählung ausdrücklich Bezug auf die »viele[n] Polen«, die »um eben diese Zeit […] wegen gewaltsamer Unternehmungen des Landes verwiesen« (S. 22) wurden. Zu einem Zeitpunkt, als er vermutlich bereits am zweiten Teil des Novellenzyklus *Die Leute von Seldwyla* arbeitete, beteiligte sich Gottfried Keller selbst aktiv als Sekretär des »Provisorischen Komitees zur Unterstützung der Polen« an Hilfsmaßnahmen zur Unterstützung der Polnischen Aufständischen. Dies geschah durch fi-

3 Selbmann (s. Anm. 1), S. 48.
4 Ebenda, S. 49.

nanzielle Zusicherungen, später durch Unterbringung von Emigranten, die sich im Jahr 1863 wieder einmal vergeblich gegen das reaktionäre Russland erhoben hatten.[5]

Gottfried Kellers Novelle ist aber nicht nur von tatsächlichen Vorfällen inspiriert, die sich zu Lebzeiten des Autors ereigneten, sondern auch von einer Reihe literarischer Vorbilder, die von Hochstaplern handeln. Zu diesen Quellen gehören beispielsweise *Das Märchen vom Schneider Siebentot auf einen Schlag* von Clemens Brentano (1778–1842) sowie das *Leben des berühmten Kaisers Abraham Tonelli* von Ludwig Tieck (1773–1853). Auch *Das Märchen vom falschen Prinzen* aus dem *Märchen-Almanach auf das Jahr 1826* von Wilhelm Hauff (1802–1827) hatte vermutlich Einfluss auf die Gestaltung der Novelle *Kleider machen Leute*, gibt es doch offensichtliche Parallelen:

■ Literarische Vorbilder

> »Der Schneidergeselle Labakan arbeitet in Alessandria; oft sitzt er starren Blicks da, und die anderen sagen dann: er hat wieder sein vornehmes Gesicht. Feiertags durchwandelt er in einem zusammengesparten schönen Kleide stolz die Straßen und nickt Bekannten gnädig zu, so dass der Meister spöttisch sagt: An dir ist ein Prinz verloren gegangen, was der Geselle selbst glaubt. Ein Prinzenkleid

5 Rolf Selbmann, *Gottfried Keller. Romane und Erzählungen*, Berlin 2001, S. 77; Klaus Jeziorkowski, *Gottfried Keller. Kleider machen Leute. Text, Materialien, Kommentar*, München/Wien 1984, S. 106 ff.

gerät in die Werkstatt und wird sein Schicksal. Er zieht es an und fühlt sich als Prinz: Mit den Kleidern schien der Geselle eine ganz königliche Gesinnung angezogen zu haben […]«.[6]

6 Paul Wüst, »Entstehung und Aufbau von Gottfried Kellers Seldwyler Novelle Kleider machen Leute«, in: *Mitteilungen der literaturhistorischen Gesellschaft Bonn* 9 (1914) H. 4/5, S. 105.

6. Interpretationsansätze

Dingsymbole: Radmantel und Fingerhut

Kleider machen Leute ist eine Novelle. In Kapitel 4 »Form und literarische Technik« (S. 41) sind die wesentlichen Merkmale dieser Gattung zusammengestellt. Ein wichtiges Merkmal ist die Verwendung von sogenannten Dingsymbolen. Sie spielen eine große Rolle für das Gesamtverständnis eines Novellentexts, also für die Interpretation, und werden deswegen hier als Erstes vorgestellt.

Dingsymbole treten in Novellen als Leitmotive mit sinnbildhafter Funktion auf. In *Kleider machen Leute* besitzt der »weite[] dunkelgraue[] Radmantel« (S. 3), welchen der Schneider Strapinski trotz seiner Armut trägt, eine solche Funktion. Es handelt sich um ein wertvolles und zugleich geheimnisvolles Kleidungsstück unbekannter Herkunft, das »seinem Träger ein edles und romantisches Aussehen« (S. 3) verleiht. Innerhalb der Handlung rückt der Mantel nach seiner ersten Erwähnung gleich zu Beginn der Novelle noch mehrfach in den Blickpunkt der Ereignisse.

■ Dingsymbol Radmantel

Ausdrücklich betont der Erzähler die unauflösliche und zugleich paradoxe Einheit von Figur und Kleidung, von innerem Sein und äußerem Schein. Das außergewöhnliche und extravagante Kleidungsstück besitzt demnach für den Helden der Novelle eine identitätsstiftende Funktion. Indem er sich diesem bis zur Selbstaufgabe unterwirft und gemäß einer

■ Das Ich als Produkt seiner äußeren Erscheinung

Abb. 2: Gottfried Keller in einem Radmantel.
Karikatur von Johann Conrad Werdmüller, 1841

metaphorischen Formulierung des Erzählers zum »Märtyrer seines Mantels« (S. 4) geworden ist, blockiert die Symbiose von Figur und Attribut die Ausbildung einer eigenen Persönlichkeit.

Der Mantel als wiederkehrendes Motiv

Aus Gründen, die in der Kindheit des Helden und dort in einer Obsession seiner Mutter zu finden sind, kann Wenzel Strapinski weder »auf seine[n] Radmantel« noch auf »seine polnische[] Pelzmütze« (S. 3) verzichten. Wie seine Mutter trotz ihres niedrigen Standes »eine feinere Art« hatte und sich und ihren Sohn »immer etwas zierlicher und gesuchter« (S. 48) kleidete, so ist auch Strapinski »solcher Habitus [...] zum Bedürfnis geworden« (S. 3). Sein Mantel ist mehr als ein vor winterlicher Kälte schützendes Kleidungsstück: Als Symbol eines herrschaftlichen Standes ist er ein identitätsstiftender und zugleich die eigene Persönlichkeit überschattender Gegenstand, dem gegenüber Wenzel eine Abhängigkeit entwickelt hat. So ist es auch nicht verwunderlich, dass selbst der Erzähler ihn nicht als jungen Herrn, als Person, sondern als den »Mantelträger« (S. 8) bezeichnet, als er in Goldach das Gasthaus betritt. Seine Person wird mit dem Mantel gleichgesetzt. Und wenn von dem »ehrwürdige[n] Mantel« (S. 5) oder dem »famose[n] Mantel« berichtet wird, dann wird dieses Bild auch auf den Träger projiziert.

Figur vs. Kleidung

Die Differenz zwischen Figur und Kleidung spiegelt sich auch in dem wider, was die Umwelt wahrnimmt und was der Protagonist tatsächlich denkt. Betrachtet man beispielsweise die Versuche, aus Goldach zu verschwinden, so sind die Fluchtgedanken Strapinskis immer an seinen Aufmerksamkeit erregenden Mantel gebunden, an sein äußeres Erscheinungsbild, das ihn erst in diese Situation manövriert hat.

»Also schlug er seinen Radmantel malerisch um, drückte die Pelzmütze tiefer in die Augen und schritt unter einer Reihe von hohen Akazien in der

> Abendsonne auf und nieder, das schöne Gelände betrachtend oder vielmehr den Weg erspähend, den er einschlagen wollte. Er nahm sich […] im Wehen seines faltigen Mantels vortrefflich aus; der Abendschein und das Säuseln der Bäume über ihm erhöhte den Eindruck, sodass die Gesellschaft ihn von ferne mit Aufmerksamkeit und Wohlwollen betrachtete.« (S. 18)

Auch die nächsten beiden Anläufe zum Verlassen der Stadt unternimmt Wenzel Strapinski, indem er sich jeweils erneut in seinen Mantel hüllt (vgl. S. 23 ff., 29 f.). Doch gerade indem er an dem Ritual der Selbstverhüllung festhält, bleibt er auch in seiner Rolle als Pseudo-Graf stecken.

Nachdem alle seine Vorstöße zur Rückkehr in das alte Dasein als ›armer Schneider‹ gescheitert sind und er zuletzt infolge Nettchens Tränenstrom endgültig davon ablässt, sich aus Goldach zu entfernen, wird »sein Mantel […] die schlanke, stolze, schneeweiße Gestalt des Mädchens wie mit schwarzen Adlerflügeln« (S. 30) umfangen, eine Geste, welche die trügerische Illusion eines zukünftigen Liebesglücks in sich birgt. Im gleichen Maße, wie der Mantel sich dabei als grammatikalisches Subjekt verselbständigt und zur handelnden Person wird, verliert sein Besitzer mit dem Verstand (vgl. 30) auch die letzte Kontrolle über sich selbst.

■ Der Mantel als Subjekt des Handelns

■ Ich-Verlust des Menschen

■ Karneval der Tiere

Die karnevalistische Enttarnung des falschen Grafen wird sich später folgerichtig vor allem auf dessen

Mantel als Medium der Täuschung konzentrieren, indem sie die animalische Natur der Verkleidung parodiert:

> »Auch die Tierfabel wurde [...] in Szene gesetzt, da eine gewaltige Krähe erschien, die sich mit Pfauenfedern schmückte und quakend umherhupfte, ein Wolf, der sich einen Schafspelz zurechtschneiderte, schließlich ein Esel, der eine furchtbare Löwenhaut von Werg trug und sich heroisch damit drapierte wie mit einem Carbonarimantel.« (S. 35)

Der Wolf im Schafspelz, der Esel in der Löwenhaut und die Krähe mit der Pfauenfeder sind Fabelgestalten, die auf den Ausgang der Geschichte hinweisen: Alle Figuren können schlussendlich ihr wahres Sein nicht verleugnen.

Nach dieser Erniedrigung verschwindet der Mantel als Insigne des Reichtums und der Vornehmheit vollkommen aus dem Sichtfeld der Erzählung. Wenzel Strapinski verlässt den Ort der geplanten Verlobungsfeier nicht nur »barhäuptig« (S. 38), sondern geht auch ohne seinen Mantel – und zum ersten Mal gelingt es ihm tatsächlich, seinen Weg fortzusetzen und den Ort des Geschehens zu verlassen.

Der ›nackte Mensch‹

Ein zum »famosen Mantel« (S. 29) komplementäres Dingsymbol ist der Fingerhut, den Wenzel Strapinski nach seiner Entlassung aus den Diensten eines Schneiders als einzigen Besitz mit sich führt und »welchen er, in Ermangelung irgendeiner Münze, un-

Dingsymbol Fingerhut

ablässig zwischen den Fingern dreht, wenn er der Kälte wegen die Hände in die Hosen steckt« (S. 3). Der objektiv geringe Wert des unscheinbaren winzigen, im Verborgenen gehaltenen Gegenstandes steht in einem Gegensatz zu dem »mit schwarzem Samt ausgeschlagen[en]« (S. 3) Pelzmantel, der öffentlich zur Schau gestellt wird und seinem Besitzer die Aura von Reichtum und Vornehmheit verleiht.

Dingsymbole im Vergleich

Betrachtet man die Beschaffenheit von Mantel und Fingerhut, so ist der Vergänglichkeit des textilen Materials die metallene Härte des Werkzeugs gegenübergestellt, das ein primitives, aber notwendiges Instrument der manuellen Produktion von Kleidungsstücken ist. Ebenso wie der Radmantel besitzt es eine Schutzfunktion für den menschlichen Körper, und ebenso wie der Radmantel ist es mit der Form des Kreises assoziiert. Doch während der Mantel im Laufe der Handlung nur ästhetischen Schein produziert und damit der Traumwelt zuzuordnen ist, gewährleistet der kleine Fingerhut den Bezug zur Realität, die Wenzel nicht abweisen kann. In den Momenten, in denen Wenzel sein Glück nicht mehr fassen kann, tastet er nach dem Fingerhut als dem einzigen Besitz, den er bei seinem Weggang von Seldwyla bei sich trug (vgl. S. 3). So greift er auch nach dem morgendlichen Erwachen im Gasthof zur Waage, als er das »Warenlager« der Geschenke erblickt, welche man ihm in seinem Hotelzimmer hat hinterlegen lassen, nach dem Fingerhut »in seine[r] Tasche […], um zu erfahren, ob er träume oder wache« (S. 23).

Der Fingerhut – Gegenstand der Selbstvergewisserung

Weitere Symbole und symbolische Sprache

Die Verwendung von zeichenhaften Bildern in der Novelle beschränkt sich aber nicht nur auf die Dingsymbole aus dem Besitz des Protagonisten. Die »kleine reiche Stadt« (S. 3), zu der Wenzel Strapinski nach seiner Entlassung in Seldwyla wandert, trägt – gemäß der lateinischen Redensart *nomen est omen* (dt. ›der Name ist ein Zeichen‹, auch: ›der Name ist Programm‹) – bereits den Begriff der Verheißung in ihrem Ortsnamen. Goldach erscheint nicht nur als Sehnsuchtsort voller Versprechungen, sondern noch viel mehr als Ort der Erfüllung. Denn als das »arme Schneiderlein« (S. 3) dort einem »vornehme[n] Fuhrwerk« (S. 4) entsteigt, eröffnet sich ihm, wie im alttestamentlichen Garten Eden, ein Paradies des totalen Konsums, wo ihm »sein ehrwürdiger Mantel dienstfertig abgenommen« (S. 5) wird, bevor der Wirt ihn im Speiseraum nach seinen Wünschen befragt und alles daransetzt, seinen Gast mit den erlesensten Speisen und Getränken zufriedenzustellen. Zugleich jedoch besitzt dieser Ort, wo jeder Hunger sich stillen und jeder Durst sich löschen lässt, den Beigeschmack der Hölle, denn der »verwünschte Saal« wird stark aufgeheizt, nachdem der Wirt mit dem Fluch »Zum Teufel, sollen die Leute in der Waage im Mantel zu Tisch sitzen?« (S. 8) dazu Anweisung gegeben hat. Der Gastwirt fällt auch danach durch Redewendungen wie »Ins drei Teufels Namen!« (S. 5) auf und hält sein Personal dazu an, weiter zu heizen:

■ Goldach als Himmlische Stadt

■ Goldach als Sündenbabel

»Rasch einen Korb Holz in den Ofen [...], dass es brennt!« (S. 8).

Luxusspeisen

Als Erstes wird Wenzel, dem »ausgehungerte[n] Mann« (S. 7), im »wohnlichen Speisesaal« (S. 5) der Tisch »mit glänzendem Zeuge gedeckt« (S. 7), bevor er »seine matten Lebensgeister« mit einer »kräftigen Suppe« (S. 8) erfrischen kann. Zu den weiteren Speisen gehören ein »schönes Stück« Forelle, die »mit Grünem bekränzt« (S. 9) ist, anschließend eine »Pastete von Rebhühnern« sowie »Fleisch, Trüffeln [und] Klößchen«, zu denen Wenzel Strapinski »große Brotbissen in den Mund« steckt, während er »alles [...] hinunter[schlingt], nur besorgt, sein Ränzchen vollzupacken« (S. 10).

Alkohol im Überfluss

Noch opulenter ist die Beschreibung der alkoholischen Getränke. Die Bewirtung beginnt hier mit einem »Glas guten Bordeaux« (S. 9) und setzt sich mit »neuen Tröpflein Weines« (S. 10) fort, bevor »zum Nachtisch ein Glas alte[r] Tokaier« oder »ein Glas Champagner« (S. 12) zur Auswahl stehen. »Bald sah Strapinski«, so schreibt der Erzähler, »einen kleinen Wald von Gläsern vor sich, aus welchem der Champagnerkelch wie eine Pappel emporragte. Das glänzte, klingelte und duftete gar seltsam vor ihm [...]« (S. 12).

Der Held im Rausch

Den sich im Gasthof anbahnenden Alkoholrausch ergänzt »gute[s] Rauchzeug« (S. 13). Von den Männern der Goldacher Oberschicht werden dem Gast »echter Tabak aus Smyrna« aus einem »rotseidene[n] Beutelchen« (S. 13), erlesener Tabak »aus Damaskus« oder »eine Pflanzerzigarre aus Virginien « (S. 14) angeboten. Wenzel Strapinski ist »bald in feine Duftwolken gehüllt«, die – in einer ironischen Brechung durch die Stimme des Erzählers – »von der hervorbrechenden Sonne lieblich versilbert« (S. 14) werden.

Im Reich der schönen Dinge

Am Morgen nach seiner Ankunft in Goldach setzt sich für Strapinski der Zauber eines Lebens im Reichtum fort. Nach einem »guten Schlaf« (S. 22) gibt es für ihn kein ›böses Erwachen‹, sondern er findet sich vielmehr in einer ins Groteske gesteigerten Fülle von luxuriösen Geschenken seiner angeblichen »Freunde« (S. 22) vom Vortag wieder: »[E]ine Anzahl Dienstboten« harren im Hotelzimmer, »um Körbe und Koffer, angefüllt mit feiner Wäsche, mit Kleidern, mit Zigarren, mit Büchern, mit Stiefeln, mit Schuhen, mit Sporen, mit Reitpeitschen, mit Pelzen, mit Mützen, mit Hüten, mit Socken, mit Strümpfen, mit Pfeifen, mit Flöten und Geigen« (S. 22) abzugeben.

Festgeschenke und prächtige Feiern

Wie in einem Spiegelbild dieses Überflusses an Freizeitvergnügungen und Konsumgütern bringt Wenzel Strapinski zu seiner Verlobung mit Nettchen »Brautgeschenke« mit, »welche ihn die Hälfte seines zeitlichen Vermögens« kosten, während er »die andere Hälfte […] zu einem Feste« verwendet, »das er seiner Braut geben« (S. 31) will. Damit erliegt er endgültig der Sucht nach Verschwendung, die nicht nur auf pure Bedürfnisbefriedigung, sondern auch auf Selbsterhöhung durch Blendung der Umwelt zielt:

»So fuhr denn der Goldacher Schlittenzug gegen die Mittagsstunde unter Schellenklang, Posthorn-

> tönen und Peitschenknall durch die Straßen der Stadt […]. Im ersten Schlitten saß Strapinski mit seiner Braut, in einem polnischen Überrock von grünem Sammet, mit Schnüren besetzt und schwer mit Pelz verbrämt und gefüttert. Nettchen war ganz in weißes Pelzwerk gehüllt; blaue Schleier schützten ihr Gesicht gegen die frische Luft und gegen den Schneeglanz.« (S. 31 f.)

Sturz in die Tiefe

Doch mit der ins Maßlose gesteigerten Inszenierung einer aufwendigen Vermählung vergrößert sich die Fallhöhe, die dem Paar mit der Entzauberung des Mannes droht. Dies wird auch durch die Ausgestaltung des Seldwyler Schlittenzuges aufgegriffen und angekündigt: Der Schlitten mit der Darstellung Fortunas, der Göttin des Glücks, symbolisiert den scheinbaren Aufstieg des Schneiders, der nachfolgende Schlitten mit dem Ziegenbock dessen Niedergang im Augenblick der Entlarvung. Der Ziegenbock jagt Fortuna hinterher, wie das Sein dem Schein oder die Wahrheit der Lüge. Dies ist eine Warnung, dass dieses Spiel nicht mehr länger gut gehen kann und dass Strapinski bald von seinem wahren Ich eingeholt wird.

Absolute Verzweiflung

Am Ende seiner Reise, die an einem Novembertag mit einem Fußmarsch von Seldwyla nach Goldach begann, wird Wenzel Strapinski nach Wochen des Aufenthaltes am Ort eines unverhofften Lebens- und Liebesglücks in einer eiskalten Winternacht einsam und entehrt in den Schnee sinken, um aus der Welt zu gehen. Der Kontrast zwischen der vorherigen Fülle des Genusses und der späteren seelischen Leere könnte kaum größer sein:

> »Unser Scheider […] weinte bitterlich über sich, das heißt, er fing solches plötzlich an, als nun seine Gedanken an der schweren Kette, an der sie hingen, unversehens zu der verlassenen Braut zurückkehrten und sich aus Scham vor der Unsichtbaren zur Erde krümmten. Das Unglück und die Erniedrigung zeigten ihm mit Einem hellen Strahle das verlorene Glück und machten aus dem unklar verliebten Irrgänger einen verstoßenen Liebenden.« (S. 40)

Das Motiv des Spiels

Unmittelbar nach der Demaskierung des Schneiders bezeichnet der Erzähler diesen als einen »Spielgesellen«, zu dem er durch die »Torheit der Welt« (S. 39) wurde. Demnach erscheint Wenzel Strapinski als Marionette von Zufall und Schicksal, die das vordergründige Glück schlagartig in ein Unglück verwandeln. Dieser Vorgang spiegelt sich innerhalb der Novelle im Motiv des Glücksspiels.

Zu den Lustbarkeiten der Gesellschaft, in welcher der vermeintliche polnische Graf Wenzel Strapinski verkehrt, gehört »das tägliche Spielchen« (S. 12). Dass es sich nicht um eine bloß lokale Gewohnheit der Goldacher Stadtbewohner, sondern um eine allge-

Eine Männerdomäne

meine regionale oder auch nationale Praxis handelt, legt der auktoriale Erzähler in einem spöttischen Hinweis darauf nahe, dass »in diesem Lande keine Männer zusammen sein konnten, ohne zu spielen, wahrscheinlich aus angeborenem Tätigkeitstriebe« (S. 15).

Leichtes Geld

Wie gewonnen, so zerronnen

Durch das Glücks- bzw. »Hasardspiel« (S. 16), welches mit der Aussicht auf finanziellen Gewinn lockt, bekommt Strapinski einen ersten Vorgeschmack auf schnell verdientes Geld, das ihm – unabhängig von einem persönlichen Verdienst – alleine durch Glück beim Spiel zufällt oder aber durch Pech verlorengeht. Unverkennbar bildet dabei das Auf und Ab der Einnahmen und Verluste beim Glücksspiel, wie es Strapinski widerfährt, auch dessen Schicksal und den Verlauf der Ereignisse ab:

> »Indem er sich still und ruhig verhielt, spielte er mit abwechselndem Glücke; einmal kam er bis auf einen Taler herunter, den er setzen musste, gewann wieder, und zuletzt […] besaß er einige Louisdors, mehr als er jemals in seinem Leben besessen […].« (S. 17)

Alles ist vergänglich

Die wunderbare Geldvermehrung verschafft ihm zusätzliche Freiheit: Als vermeintlicher Adliger war er bislang auf die finanziellen, materiellen und immateriellen Zuwendungen der Goldacher Bürger angewiesen. Doch durch den Geldstrom, der ihm dank einer glücklichen Hand beim Spiel zufließt, besitzt er ein offenbar so großes »zeitliche[s] Vermögen« (S. 31), dass er nun finanziell weitgehend autonom ist. »Zeitlich«, weil auch hier beständig Verlust und Vergänglichkeit drohen.

Das Motiv des Zufalls

Spätestens ab dem Zeitpunkt, zu dem Wenzel Strapinski die eng umgrenzte Welt seines Daseins als lohnabhängiger Schneider in Seldweyla verlässt, ist er Spielball eines anonymen Schicksals. Nach seinem Aufbruch aus Seldwyla, der Stätte seines beruflichen und existenziellen Ruins, begegnet er, der sich nun als »Fußgänger [...] matt und kümmerlich durch die Welt« (S. 4) schlägt, dem mitleidigen Kutscher einer Luxuskarosse, der ihn zur Weiterfahrt einlädt.

Strapinski als Spielball

Mag dieses Ereignis noch als keineswegs ungewöhnlicher Akt der Nächstenliebe erscheinen, so überraschen doch die folgenden Geschehnisse durch das Missverhältnis zwischen der Bedürftigkeit des Fahrgastes und dem völlig unangemessenen, exzessiven Überschwang, mit welchem dieser vor dem Gasthof zur Waage in Goldach empfangen wird:

Der *Nobody* als Publikumsmagnet

> »Wirt und Leute [stürzten] herunter und rissen den Schlag auf; Kinder und Nachbaren umringten [...] den prächtigen Wagen [...], und als der verdutzte Schneider endlich hervorsprang in seinem Mantel, blass und schön und schwermütig zur Erde blickend, schien er ihnen wenigstens ein geheimnisvoller Prinz oder Grafensohn zu sein.« (S. 4 f.)

Öffentliche Kultfigur

Der Eindruck, es mit einer hochstehenden Persönlichkeit zu tun zu haben, veranlasst die Bürgerinnen und Bürger Goldachs zu völlig inadäquaten Verhaltensweisen der Unterwerfung und der Verehrung des ihnen gänzlich unbekannten Mannes, den man bei seinem Eintreffen für einen »geheimnisvolle[n] Prinz[en] oder Grafensohn« (S. 5) hält und daher fürstlich bewirtet.

Zufall folgt nun auf Zufall: Sobald er, häufig aus Unsicherheit, gegen Etiketten des guten Benehmens verstößt, legt man ihm dies als Beweis eines besonderen Maßes an Anstand und Würde aus (vgl. S. 9 ff.). Alleine die Aura seines Erscheinungsbildes als »kränkelnder Fürst« (S. 15) und »junge[r] Edelmann« (S. 19) genügt, um ihn ins Zentrum der öffentlichen Aufmerksamkeit zu katapultieren. Kann der Leser diese Fehldeutungen noch rational erklären, indem er sie als Symptom eines unwiderstehlichen Bedürfnisses nach Teilhabe am Glanz von Reichtum und Ansehen versteht, so bleibt doch das Staunen angesichts der insgesamt irrationalen Selbstverblendung, mit welcher die Stadtbewohner von Goldach sich fast ausnahmslos und fraglos der suggestiven Macht eines öffentlichen Spektakels ergeben, ohne dessen Irrsinn zu erkennen.

Der Fremde als Objekt der Sehnsucht

Eine geradezu unglaubliche Fügung des Schicksals will es zudem, dass der Kutscher auf die Fragen der neugierigen Bürger von Goldach nach dem Namen des Fahrgastes antwortet, es handle sich um »Graf Strapinski« (S. 11). Zur Verblüffung des Lesers stimmt

Zufällige Namensgleichheit

dieser Name – »mochte es nun ein Zufall sein oder mochte der Schneider sein Wanderbuch im Wagen [...] vergessen haben« (S. 12) – mit dem tatsächlichen Nachnamen des Schneiders überein. Als ebenso schicksalhaft für den weiteren Verlauf der Ereignisse erweist sich, dass Wenzel sich aufgrund »seine[r] Militärzeit bei den Husaren« (S. 15) im Umgang mit Pferden versteht und daher die Goldacher damit beeindruckt, dass er die adligen Kulturtechniken des Reitens und Führens von Kutschen beherrscht. Als er vor aller Augen »in schulgerechter Haltung« (S. 15) die Kutsche lenkt, räumt er weitere mögliche Zweifel an seiner noblen Herkunft aus.

Indem er dabei »Zügel und Peitsche« (S. 15) in die Hand nimmt, gewinnt er aber auch zunehmend die Kontrolle über die Wahrnehmung seiner Person, so dass er immer weniger von den Launen des Zufalls abhängt. Es scheint nun so, als ob er selbst die Herrschaft über sein eigenes Schicksal übernommen und sozusagen die ›Zügel in die Hand‹ genommen hätte, als er beispielsweise bei Unterhaltungen inmitten der Goldacher ›Schickeria‹ bewusst Formulierungen einfließen lässt, die ihn als Reit- und Jagdexperten ausweisen sollen:

Manipulation der Mitmenschen

> »Wenn er diese Redensarten auch nur sparsam, mit einer gewissen Bescheidenheit und stets mit einem schwermütigen Lächeln vorbrachte, so erreichte er damit nur eine größere Wirkung; wenn zwei oder drei von den Herren aufstanden und etwa zur Seite

> traten, so sagten sie: ›Es ist ein vollkommener Junker!‹« (S. 16)

Unverhofftes Wiedersehen

Inbegriff des glücklichen Zufalls ist – auf dem Höhepunkt der Handlung – die Entdeckung, dass Wenzel und Nettchen sich bereits in Kindertagen kannten. Während er ihr von seiner Vergangenheit als Sohn einer alleinerziehenden Mutter erzählt, die ihren Lebensunterhalt im Dienst einer Gutsherrin verdiente, erkennt er in Nettchen plötzlich die Tochter der Arbeitgeberin:

Wiedererkennung

> »Wenzel aber streckte den Arm aus, zeigte mit dem Finger auf sie, wie wenn er einen Geist sähe, und rief: ›Dieses habe ich auch schon erblickt. Wenn jenes Kind zornig war, so hoben sich ganz so, wie jetzt bei Ihnen, die schönen Haare um Stirne und Schläfe ein wenig aufwärts, dass man sie sich bewegen sah […].‹« (S. 51)

Indem Wenzel an mimischen Auffälligkeiten die kindliche Freundin erkennt, leuchtet wieder die Seelenverwandtschaft auf, die ihn einst mit dem Mädchen verband.

Die unerwartete Vergegenwärtigung des einstigen Glücks ist für Nettchen Anlass zu einer heftigen Absichtserklärung. Sie fällt dem wiedergefundenen Freund »um den Hals« und sagt: »Ich will dich nicht verlassen! Du bist mein, und ich will mit dir gehen trotz aller Welt!« (S. 52). Durch ihre bewusste Hin-

Vom blinden Zufall zum willentlichen Handeln

gabe an den Mann, die Ergebnis einer unerhörten schicksalhaften Fügung ist, stellt Nettchen ihren Willen gegen die Wankelmütigkeit der sich stets ändernden Ansichten der anderen. Das Bekenntnis der liebenden Frau zur fortwährenden Treue bildet von nun an eine unüberwindliche Barriere gegen alles Zufällige. Im Sinne der Redensart »[D]es Menschen Wille ist sein Himmelreich« (S. 52) betont der Erzähler Nettchens Handeln als Ausdruck ihrer Freiheit und Unabhängigkeit. Mit den einleitenden Worten ›Ich will‹ und ›Wir wollen‹ (vgl. S. 52) formuliert Nettchen Zukunftspläne, an welchen keine Widrigkeit zu rütteln vermag. »[I]n bestimmten Sätzen« (S. 54) fordert sie von ihrem zögernden Vater das Erbe ihrer verstorbenen Mutter und erklärt, dass sie nach ihrer Hochzeit mit Wenzel Strapinski nach Seldwyla ziehen werde. Die Zukunft des Paares ist beschlossen, Nettchen hat sich durch rationales Denken und Handeln von der Irrationalität des Daseins emanzipiert.

Autonomie des Subjekts

Noch Stunden zuvor wäre dieser Ausgang nicht zu erwarten gewesen. Personifiziertes Gegenbild einer kalkulierbaren Welt und Sinnbild des Zufalls ist Fortuna, die Schicksalsgöttin der römischen Mythologie, welche »in der Antike und der Renaissance zum Zeichen ihrer Unstete auf einer Kugel dargestellt« wird. »Ihre Flüchtigkeit bezeichnen Flügel und Segel, während die Augenbinde ihre Willkür anzeigt, mit der sie ihre Gaben aus dem Füllhorn verteilt«[7]. Als

Schicksalsgöttin Fortuna

7 Manfred Lurker (Hrsg.), *Wörterbuch der Symbolik*, 5., durchges. u. erw. Aufl. Stuttgart 1991, S. 213.

Abb. 3: Allegorie der Fortuna
Ölgemälde von Taddeo Kuntze (Tadeus Konicz), 1754

Symbol der Vergänglichkeit des Glücks und der Vergeblichkeit allen Tuns figuriert sie – offenbar gemäß einer verkürzten Bedeutungszuweisung als bloßer Glücksgöttin – als »vergoldetes Frauenbild« und als »Schlittenzierrat« (S. 32) auf dem Wagen des Amtsmanns, in dem das Verlobungspaar auf dem Weg zum Fest der Vermählung unterwegs ist.

Die »kolossale« Gestalt der Fortuna »[a]uf dem vordersten Fuhrwerke« (S. 33) des Seldwyler »Maskenzuges« (S. 34), welcher den Brautleuten und ihren Gästen entgegenkommt, ist dort nicht zufällig, sondern gezielt als satirischer Gegenentwurf platziert, der das

Motiv des Originals hervorhebt: »Es war eine riesenhafte Strohpuppe voll schimmernden Flittergoldes, deren Gazegewänder in der Luft flatterten.« (S. 33) Dieser ist die plakative Inschrift »Leute machen Kleider« (S. 33) beigefügt, welche auf dem letzten Schlitten »mit der umgekehrten und ergänzenden Inschrift [...] ›Kleider machen Leute!‹« (S. 34) den abschließenden Hinweis auf die wahre Person Wenzel Strapinski gibt.

Schein und Sein

Hülle und Kern

Strapinskis Aufenthalt in Goldach beginnt mit einem entscheidenden Missverständnis, denn die Einwohner halten ihn für einen »Grafensohn« (S. 5). Doch es ist bloß die Hülle, der sie Beachtung schenken. Das Wesentliche dieses Menschen verschließt sich ihnen, erst Nettchen wird zum Kern vordringen und den Menschen aus seiner Scheinexistenz erlösen.

Hedonismus – Suche nach Lustgewinn

Der Fremde profitiert von einer falschen Identität, um in den Genuss eines luxuriösen Lebens zu kommen, in dem elementare Bedürfnisse unmittelbar befriedigt werden. Wenzel findet so sehr Gefallen an einem anstrengungslosen und ausschließlich dem Lustprinzip unterworfenen Dasein, dass er nach wenigen halbherzigen und daher erfolglosen Fluchtversuchen in die Annehmlichkeiten eines Lebens im Überfluss einwilligt. Er erkennt ganz recht: »Glück, Genuss und Verschuldung, ein geheimnisvolles Schicksal winken [ihm]«, verlässt er aber die Stadt Goldach, so erwarten ihn »Arbeit, Entbehrung, Armut, Dunkelheit« (S. 26). Aus der anfänglichen Passivität heraus, mit welcher er auf die Zwänge der herrschenden Konsumgesellschaft in Goldach reagiert, entwickelt er schon sehr bald eine Reihe von Aktivitäten, die sein Bleiben in der Kleinstadt vorerst garantieren. So verschleiert er bewusst seine wahre Herkunft, kokettiert mit der Rätselhaftigkeit seines Aussehens, wahrt in kritischen Momenten Stillschweigen und legt vorsätzlich die Annahme nahe, dass er nicht nur ein polnischer Adliger ist, sondern zu allem Überfluss auch noch aus politischen Gründen verfolgt wird (vgl. S. 21 f.).

■ Vorsätzliche Täuschungen

Ist er auch »selbst betreten über diese Erfindung« (S. 21) eines abenteuerlichen Lebens als Exilant, so hindern ihn seine Gefühle von Schuld und Scham nicht daran, die Fiktion eines Alter ego durch weitere Initiativen auszugestalten. Hatte er schon zuvor durch die Rezitation eines ihm zufällig bekannten Volksliedes so getan, als ob er die polnische Sprache beherrschte (vgl. S. 20), so setzt er sich in der Folge als erfahrener und eleganter Reiter »auf dem besten Pferde der Stadt [...] an [die] Spitze einer ganzen Reitergesellschaft« (S. 26), die er mit »verklärte[m] Haupt« (S. 26) bei einem Ausritt anführt. Der Erzähler kommentiert diesen Vorgang der eitlen Selbstinszenierung als endgültigen Augenblick einer Entfesselung des Bösen, das darin besteht, dass er die Suggestion einer mysteriösen und schillernden Persönlichkeit auf die Spitze treibt:

■ Skrupellosigkeit

> »Nun war der Geist in ihn gefahren. Mit jedem Tage wandelte er sich, gleich einem Regenbogen, der zusehends bunter wird an der vorbrechenden Sonne. Er lernte in Stunden, in Augenblicken, was andere nicht in Jahren, da es in ihm gesteckt hatte, wie das Farbenwesen im Regentropfen. Er beachtete wohl die Sitten seiner Gastfreunde und bildete sie während des Beobachtens zu einem Neuen und Fremdartigen um; besonders suchte er abzulauschen, was sie sich eigentlich unter ihm dächten und was für ein Bild sie sich von ihm gemacht. Dies Bild arbeitete er weiter aus nach seinem eigenen Geschmacke, zur vergnüglichen Unterhaltung der einen, welche gern etwas Neues sehen wollten, und zur Bewunderung der anderen, besonders der Frauen, welche nach erbaulicher Anregung dürsteten.« (S. 26 f.)

■ Mimikry-Tarnung und Täuschung

■ Adaption – Anpassung an die Umwelt

Die Gier nach Lebensmitteln, die seinen Hunger stillen, das Verlangen nach Drogen, welche die Wirklichkeit im Alkoholrausch verdrängen und im Zigarrenrauch vernebeln, sodann die Glückssuche im Spiel und schließlich die Verzauberung durch die Schönheitsattribute einer Frau, all diese Verlockungen zielen auf die Verdrängung des Alltags und seiner Schwierigkeiten, verdrängen zudem aber auch die Person Wenzel Strapinski. Dieser erfindet sich neu als ein anderer, bis er endlich durch Nettchen wieder zu sich und zum eigenen Leben zurückfindet. Damit verwandelt sich die ursprüngliche Typenhaftigkeit der Hauptfigur, die als »Mantelträger« (S. 8) ein bloßes Artefakt aus äußerli-

■ Sucht

■ Charakterfindung

chen Statussymbolen ist, schließlich in eine Persönlichkeit mit erkennbaren Charaktermerkmalen und vor allem auch mit einer Vergangenheit, die sie geprägt hat.

Die dekorative Äußerlichkeit der Figur des vermeintlichen polnischen Grafen, bei dem vor allem Gesicht und Haare, Mütze und Mantel auffallen, findet ihr komplementäres Bild in der dekorativen Fassadenhaftigkeit der Häuser, die er in der Kleinstadt Goldach besichtigt: »Dieselbe«, so heißt es, »bestand größtenteils aus schönen, festgebauten Häusern, welche alle mit steinernen oder gemalten Sinnbildern geziert und mit einem Namen versehen waren« (S. 23). Während Wenzel seine Rolle als angeblicher Adliger immer mehr verinnerlicht, präsentiert sich ihm die Kleinstadt Goldach ebenfalls von einer Seite, die nicht den tatsächlichen Gegebenheiten entspricht und lediglich eine Kehrseite des wahren Lebens zeigt. Während die Einwohner unter anderem durch die Bereitschaft zu Täuschung und Betrug sowie durch Maßlosigkeit und Verschwendung auffallen, plakatieren sie nach außen hin eine fiktive Welt des bloßen Scheins in »moralischen Begriffen, welche in schönen Goldbuchstaben über den Haustüren erglänzen, wie: zur Eintracht, zur Redlichkeit, zur alten Unabhängigkeit, zur neuen Unabhängigkeit, zur Bürgertugend a, zur Bürgertugend b, zum Vertrauen, zur Liebe, zur Hoffnung, zum Wiedersehen 1 und 2, zum Frohsinn, zur inneren Rechtlichkeit, zur äußeren Rechtlichkeit [...]« (S. 24).

■ Selbststilisierung des Bürgertums

■ Konstruktion einer Pseudo-Idylle

■ Fiktion von Heimat und Geborgenheit

An kaum einer anderen Stelle der Novelle wird die gesellschaftskritische satirische Absicht des Autors so deutlich wie hier in der Darstellung der kleinbürgerlichen Doppelmoral einer Provinzstadt in der Schweiz. So verbirgt sich hinter den »wohlklingenden Namen Rosental, Morgental, Sonnenberg, Veilchenburg, Jugendgarten, Freudenberg, Henriettental, zur Camelia, Wilhelminenburg usw.« nichts anderes als der profane Geschäftsgeist »der Fabrikanten, Bankiere und Spediteure« (S. 24): Die poetischen Namen der Häuser suggerieren eine romantische Nähe zur Natur, sind in Wirklichkeit aber Synonyme für den jeweiligen Landbesitz und Reichtum der Hausbewohner, indem beispielsweise die »an Frauennamen gehängten Täler und Burgen [...] immer ein schönes Weibergut« (S. 24) bezeichnen. Ebenso tragen die Namen der Altbauten zu diesem Bild bei, da sie einen nostalgischen Bezug zur militärischen Selbstbehauptung der Bürger und zu den Sagen der Vorzeit herstellen und der Stadt so das Ansehen einer starken, soliden Bürgermacht geben, die auf eine lange Tradition zurückblicken kann:

■ Kellers Gesellschaftskritik

■ Metaphern der Profitgler

> »Da hieß es: zum Schwert, zum Eisenhut, zum Harnisch, zur Armbrust, zum blauen Schild, zum Schweizerdegen, zum Ritter, zum Büchsenstein, zum Türken, zum Meerwunder, zum goldnen Drachen, zur Linde, zum Pilgerstab, zur Wasserfrau, zum Paradiesvogel, zum Granatbaum, zum Kämbel, zum Einhorn und dergleichen.« (S. 23 f.)

Die Bewohner von Goldach gefallen sich in der Musealisierung ihrer mittelalterlichen Altstadt, die »von [einer] alten Ringmauer eingefasst« ist, »welche, obwohl nichts mehr nütze, dennoch zum Schmucke beibehalten [wird], da sie ganz mit dichtem altem Efeu überwachsen [ist] und so die kleine Stadt mit einem immergrünen Kranze um[schließt]« (S. 25). Die Darstellung des Erzählers offenbart: Die Probleme der Gesellschaft wurden bloß auf Strapinski projiziert.

7. Autor und Zeit

Biographische Übersicht

Abb. 4: Gottfried Keller nach einem Holzstich von C. Kolb, um 1875

1819 Gottfried Keller wird am 19. Juli in Zürich als Sohn der Arzttochter Elisabeth Keller (geb. Scheuchzer) und des Drechslermeisters Rudolf Keller geboren.

1822 Am 26. April wird seine Schwester Regula geboren.

1824 Tod des erst 33-jährigen Vaters an den Folgen einer Lungentuberkulose. Keller ist zu diesem Zeitpunkt fünf Jahre alt.

1825–34 Schulbildung: Keller besucht zunächst die Pestalozzi-Schule, eine Schule für sozial schwache Familien, später wechselt er auf die Industrieschule des Kantons Zürich. Früh zeigt sich seine künstlerische Begabung; er schreibt und malt.

1834 Gottfried Keller wird wegen eines Aufmarsches von Schülern, den er angeblich mit initiiert haben soll, von der Züricher Industrieschule verwiesen; seine Schulausbildung ist damit vorzeitig beendet. Er entschließt sich, Maler zu werden und beginnt eine Lehre bei dem Maler und Lithographen Peter Steiger.

1837/38 Keller erhält Unterricht beim Aquarellisten Rudolf Meyer, der seine malerischen Techniken weiter schult.

1840 Aufenthalt in München bis 1842, dort versucht sich Keller als Maler, jedoch ohne Erfolg und ohne finanziellen Gewinn. Fertigstellung seines malerischen Hauptwerks *Heroische Landschaft* im Jahr 1842.

1842 Rückkehr nach Zürich und erste Pläne für seinen Roman *Der grüne Heinrich*. Politisches Engagement in der liberalen Partei

Abb. 5: *Heroische Landschaft*, Ölgemälde von Gottfried Keller, 1841/42

und Begegnungen mit Emigranten wie Georg Herwegh, Ferdinand Freiligrath und Hoffmann von Fallersleben, deren Einsatz für Demokratie, Liberalismus und Nationalismus in Deutschland unerwünscht ist.

1846 Erste Buchveröffentlichung im Carl Winter Verlag, Heidelberg: *Gedichte*.

1848 Keller erhält ein Ausbildungsstipendium der Zürcher Regierung und studiert in Heidelberg (u. a. bei dem Philosophen Ludwig Feuerbach).

1850 Übersiedelung nach Berlin, wo ein großer Teil seines literarischen Gesamtwerks im Kern entsteht.

1856 Der erste Teil von *Die Leute von Seldwyla* erscheint beim Verlag Vieweg in Braunschweig. Trotz der literarischen Erfolge hat Keller ständig Schulden, die ihn schließlich zur Rückkehr in die Schweiz zwingen.

1861 Gottfried Keller wird Erster Staatsschreiber des Kantons Zürich und hat damit erstmals ein geregeltes Einkommen. Er hat dieses hohe politische Amt als Generalsekretär der Kantonsregierung bis 1876 inne.

1864 Tod der Mutter.

1865 Beginn der Arbeit an *Kleider machen Leute.*

1866 Verlobung mit der Pianistin Luise Scheidegger (1843–1866), die sich wenige Wochen später aus ungeklärten Gründen tötet.

1869 Zum 50. Geburtstag erhält er die Ehrendoktorwürde der Universität Zürich.

1872 Fertigstellung der Niederschrift von *Kleider machen Leute.*

1873 Erweiterte Neuauflage der Bände 1–3 des Novellenzyklus *Leute von Seldwyla* erscheint bei Göschen. In Band 3 ist erstmals *Kleider machen Leute* enthalten. Im Folgejahr erscheint der letzte Band (4).

1875 *Romeo und Julia auf dem Dorfe*, eine Erzählung aus *Die Leute von Seldwyla*, erscheint als selbständige Ausgabe bei Göschen.

1876 Austritt aus dem Amt des Staatsschreibers. Von nun an widmet sich Keller hauptsächlich der Schriftstellerei.

1877	Erstauflage der *Zürcher Novellen* (Göschen). Beginn der Brieffreundschaft mit Theodor Storm.
1879	Der Roman *Der grüne Heinrich* erscheint in einer überarbeiteten Fassung bei Göschen.
1881	*Das Sinngedicht* (Verlag Hertz, Berlin).
1883	*Gesammelte Gedichte* (Hertz).
1884	Besuch von dem Philosophen Friedrich Nietzsche (1844–1900) und Freundschaft mit dem Maler Arnold Böcklin.
1885	Wilhelm Ludwig Hertz wird Kellers Exklusivverleger.
1886	Der Roman *Martin Salander* erscheint.
1888	Tod der Schwester Regula.
1890	Gottfried Keller stirbt am 15. Juli in Zürich. Grabstätte auf dem Zentralfriedhof Zürich (heute Friedhof Sihlfeld).

Werke

1846	*Gedichte*
1851	*Neuere Gedichte*
1853	*Der Apotheker von Chamounix* (Versdichtung, verfasst in vierhebigen Romanzenstrophen)
1854/55	*Der grüne Heinrich* (Bildungsroman)
1856	*Die Leute von Seldwyla* – Teil 1 des Novellenzyklus, darin enthalten: – *Pankraz, der Schmoller* – *Romeo und Julia auf dem Dorfe*

– *Frau Regel Amrain und ihr Jüngster*
– *Die drei gerechten Kammacher*
– *Spiegel, das Kätzchen*

Keller verfasste diese ersten fünf Novellen 1855 in Berlin. Darin werden »Lebensbilder« (so lautete der Arbeitstitel) der Bürger der fiktiven schweizerischen Kleinstadt Seldwyla betrachtet. Keller zeichnet ein realistisches, häufig stark von Komik und Ironie durchbrochenes Bild menschlichen Lebens.

1872 *Sieben Legenden* (Novellenzyklus)

1874 *Die Leute von Seldwyla* – Erweiterung der Ausgabe von 1856. Im zweiten Teil des Novellenzyklus finden sich nun:

– Kleider machen Leute
– *Der Schmied seines Glücks*
– *Die mißbrauchten Liebesbriefe*
– *Dietegen*
– *Das verlorne Lachen*

1877 *Zürcher Novellen* (Novellenzyklus)

1879/80 *Der grüne Heinrich* (Überarbeitete Fassung)

1881 *Das Sinngedicht* (Novellenzyklus)

1883 *Gesammelte Gedichte*

1886 *Martin Salander* (Roman)

Poetischer Realismus

Bereits das Erscheinungsdatum der Novelle *Kleider machen Leute* im Jahre 1874 legt eine epochengeschichtliche Zuordnung zum Realismus nahe, der literaturgeschichtlichen Epoche, die sich über den Zeitraum zwischen 1830 und 1880 erstreckte und dem sogenannten Naturalismus vorausging. Während dieser in den Werken etwa von Arno Holz (1863–1929) und Gerhart Hauptmann (1862–1946) ein vergleichsweise radikales Verständnis von Kunst vertrat, das eine detaillierte Abbildung der äußeren, oftmals negativen und hässlichen Wirklichkeit forderte,[8] vertrat zwar auch der Realismus das Prinzip einer möglichst wirklichkeitsgetreuen Darstellung von Personen, Gegenständen, Sachverhalten und Situationen, doch verzichtete er durch Formen der Verklärung und der Poetisierung[9] auf ein Programm der totalen Desillusionierung. Der Realismus bewahrte noch Züge der literaturgeschichtlichen Phase der Romantik, die ihm – in Deutschland etwa in den Jahren 1795 bis 1848 – vorausging.[10]

■ Realismus

Kleider machen Leute repräsentiert, wie viele andere literarische Texte von Gottfried Keller, den sogenannten poetischen Realismus, in dem das Ziel einer realitätsnahen und möglichst objektiven Darstellung

■ Poetischer Realismus: Synthese von Romantik und Realismus

8 Vgl. Stephan Kohl, *Realismus: Theorie und Geschichte*, München 1977, S. 131 ff.

9 Vgl. Hugo Aust, *Literatur des Realismus*, Stuttgart 1977, S. 34.

10 Vgl. Kohl (s. Anm. 8), S. 109 f.

durch das gleichzeitige Bemühen um die Berücksichtigung von irrationalen und irrealen Elementen wieder aufgehoben wird.

Text-
beispiele

Zu letzteren gehören beispielsweise affektive und ästhetische Aspekte, die sich unter anderem in den zwei Sätzen identifizieren lassen, welche dem Bericht von Wenzels erneutem Abbruch einer Flucht aus Goldach folgen:

> »Strapinski […] machte unwillkürlich ganze Wendung und kehrte getrost nach der Stadt zurück. Noch an demselben Tage galoppierte er auf dem besten Pferde der Stadt […] durch die Allee, welche um die grüne Ringmauer führte, und die fallenden Blätter der Linden tanzten wie ein goldener Regen um sein verklärtes Haupt.« (S. 26)

Die geradezu gemäldeartige Darstellung der Szenerie von Wenzels Ritt durch die spätherbstliche Natur vor den Toren einer mittelalterlichen Stadt überhöht die an sich banale Handlung in eine mystische Welt des schönen Scheins.

Polarität
von Schein
und Sein

Realistische und romantische Elemente stehen oft auch in einem die Novelle strukturell prägenden Spannungsverhältnis. Dieses lässt sich beispielhaft anhand des folgenden Zitats beschreiben:

> »Seltsam aufgeregt und bekümmert ging er hinweg, nahm seinen famosen Mantel um und schritt mit wehenden Locken in einem Gartenwege auf und

> nieder. Es wurde ihm nun klar, dass er eigentlich nur dieses Wesens halber so lange dageblieben sei, dass die unbestimmte Hoffnung, doch wieder in ihre Nähe zu kommen, ihn unbewusst belebte, dass aber der ganze Handel eben eine Unmöglichkeit darstelle von der verzweifeltsten Art.« (S. 29)

Die konventionelle Gegenüberstellung von subjektiv-romantischem Verlangen und objektiv widerständiger Realität ist in diesem Bild des mit sich ringenden Protagonisten geradezu verkehrt: Während er nach außen hin noch die romantische Gestalt des schönen Jünglings verkörpert, zeigt er sich nach innen hin vollkommen ernüchtert. Aus der Perspektive des Erzählers ist so die persönliche Welt des Helden auf den Kopf gestellt, indem Fremdwahrnehmung (Exotik und Erotik des Helden) und Selbstwahrnehmung (Desillusionierung des Helden) auseinandertreten. Wenn diese Divergenz durch die anschließende Überwältigung der Gefühle im Bild der sich umarmenden Liebenden wieder aufgehoben wird, so gewinnt die Selbsttäuschung erneut die Oberhand.

8. Rezeption

Die Novelle *Kleider machen Leute* war schon zu Kellers Lebzeiten einer seiner beliebtesten Texte. Bereits im Erscheinungsjahr 1873/74 wurde auch eine französische Ausgabe (*L'habit fait l'homme*) publiziert, kurze Zeit später kamen auch englische Übersetzungen in die Buchhandlungen und in regelmäßigen Abständen (1876, 1883, 1887) wurden Neuauflagen gedruckt.[11] Die Novelle gehört bis heute zu den meistgelesenen und bekanntesten Texten der deutschen Literatur und liegt auch seit langem in der Rangliste der schulischen Lektüren ganz vorne.

■ Klassiker im Deutschunterricht

Von zeitgenössischen Kritikern wurde sie meist sehr positiv besprochen. So äußerte sich beispielsweise der Literaturwissenschaftler Friedrich Theodor Vischer (1807–1887) wohlwollend über die wirklichkeitsnahe Darstellung:

> »[…] Somit wäre uns denn die sehr schlichte Weisheit, die unser Dichter vorträgt, schon zu einem etwas farbigeren Bilde geworden, wir verfolgen aber nicht weiter Talent und Kunst der Zeichnung und Farbengebung, sondern freuen uns den Tendenzjägern zum Trotz noch einmal und ausdrücklich an der Einfachheit dieser Grundlage, ja, wenn man will, ihrer volksmäßigen Einfachheit. […] [Keller] will ein einfaches Thema, um an ihm eine reine und

11 Vgl. Rolf Selbmann (s. Anm. 1), S. 65.

> solide Kunst zu erproben. So steht er mit sichern Sohlen fest aufgepflanzt auf dem Boden der Wirklichkeit. Kurz, es ist ein lebenstüchtiger Realismus in jedem guten Sinn des Worts, der die echte Idealität in sich begreift.«[12]

Triviales Textverständnis

Über die Jahre verfestigte sich jedoch bei vielen Rezipienten das Bild dieser »Einfachheit« zu dem Missverständnis, dass *Kleider machen Leute* in erster Linie eine romantische Liebesgeschichte mit Happy End sei, welcher allerdings eine tiefere Dimension fehle. Nur allzu schlicht wirkt dann der Held, der am Boden liegt und nur durch glückliche Umstände die Liebe einer jungen und reichen Frau und damit erneut gesellschaftliches Ansehen erlangt. Von einem solchen oberflächlichen und einseitigen Zugang aus betrachtet, ließe sich der literarische Erfolg von Gottfried Kellers Novelle schwer erklären.

Sozialisierungsgeschichte

Auf den zweiten Blick zeigt die Deutung, dass *Kleider machen Leute* den Wertekatalog des Bürgertums (Rationalität, Leistung, Maß, Liebe, Familie usw.) als Inbegriff einer humanen Gesellschaft vermittelt. Die Handlung erzählt tatsächlich die Sozialisierungsgeschichte eines lebensfernen und wirklichkeitsfremden jungen Phantasten, der erst durch die Begegnung mit einer lebenstüchtigen und vermögenden Frau zu einem vernünftigen und verantwortungsvollen Mann wird. Nicht der schöne Schein ist von Bestand, son-

12 Friedrich Theodor Vischer, »Gottfried Keller«, in: F. Th. V., *Altes und Neues* (H. 2), Stuttgart 1881, S. 154–156.

dern das solide Handwerk sowie die Ordnung und Tüchtigkeit des Bürgertums. Gemäß der Parole von Nettchen »Keine Romane mehr!« (S. 52) wendet der Schneider sich von seinen Träumereien und Phantasien ab und entwickelt sich zu einem vermögenden Geschäftsmann, Ehemann und vielfachen Vater, d. h. vom Romantiker zum Realisten.

Realitäts- statt Lustprinzip

In Wirklichkeit ist, wie Bernd Neumann in einer zugespitzten, gleichwohl aber begründeten Formulierung feststellt, die Ehe der Strapinskis »nichts anderes als eine Erziehungs-Diktatur, in der der alte, poetisch lachende und unstabile Trieb bürgerlich-monogam zugerichtet wird.«[13] Die offenkundige Selbstgenügsamkeit, die aus dem karikaturesken Schlussbild des »rund und stattlich« (S. 57) gewordenen Geschäftsmannes und Spekulanten Wenzel heraus erkennbar wird, ist nur eines von mehreren Indizien für die Doppelbödigkeit des Endes der Novelle, in welchem an die Stelle einer poetischen Liebe »das prosaische Zeugen im Ehebett [tritt]: jedes Jahr ein Kind.«[14]

Fragwürdige Einbindung in die bürgerliche Ordnung

13 Bernd Neumann, »Gottfried Keller: *Kleider machen Leute*«, in: *Interpretationen. Erzählungen und Novellen des 19. Jahrhunderts*, Bd. 2, Stuttgart 1997, S. 246.

14 Neumann (s. Anm. 13), S. 255.

9. Prüfungsaufgaben mit Lösungshinweisen

Analyse und Interpretation einer Textstelle

Aufgabe

Während seines Aufenthaltes in Goldach besichtigt Strapinski die Innenstadt, die auf ihn »einen wunderbaren Eindruck« (S. 25) macht. Der Erzähler berichtet davon, dass den Protagonisten der Novelle erneut Zweifel an der Rechtmäßigkeit seines Tuns überkommen.
Analysieren Sie den entsprechenden Textauszug von S. 25,24 (»Er geriet auf seiner Wanderung auch vor das Tor […].«) bis S. 27,10 (»So ward er rasch zum Helden eines artigen Romanes […], dessen Hauptbestandteil aber immer noch das Geheimnis war.«) im Hinblick auf die Ursachen, Formen und Auswirkungen von Strapinskis Handeln.

Lösungshinweise

Einleitung:
Einordnung des Textauszugs in den Gesamtzusammenhang der Handlung: Es handelt sich bei dieser Szene um das dritte Mal, dass der Held aus seiner falschen Identität auszubrechen versucht.

Analyse:

- Thema: Realität und Fiktion – Ursachen und Folgen der Selbstverstrickung eines Menschen in eine Scheinwelt.
- Inhalt: Der Held tritt vor die Stadtmauer und fasst den Entschluss, den Ort seines Betruges zu verlassen. Doch die erneute Begegnung mit Nettchen hindert ihn an der Umsetzung seines Plans. Er kehrt in die Stadt zurück, wo er sich endgültig in der Aufrechterhaltung seiner Pseudoexistenz als polnischer Graf einrichtet.
- Erfassung des existenziellen Konflikts: Der »Jüngling« steht »am Scheidewege« (S. 25) zwischen Lust- und Realitätsprinzip, zwischen Konsum und Verzicht. Er entscheidet sich gegen alle Vernunft für »Glück, Genuss und Verschuldung« und gegen »Arbeit, Entbehrung, Armut, Dunkelheit« (S. 26).
- Erfassung des Handlungsmotivs: Die Absage an das Leistungsprinzip, an Bindungen und moralische Integrität erklärt sich aus der Anziehungskraft der provinziellen Kleinstadt mit ihren lockenden Reichtümern und Annehmlichkeiten.
- Hauptursache für die Willenlosigkeit des Helden ist das erotisch aufgeladene Bild eines »Fräulein[s]«, welches »mit wehendem blauem Schleier ganz allein in einem schmucken leichten Fuhrwerke [sitzt], ein schönes Pferd regiert und nach der Stadt [fährt]« (S. 26). In dem Maße, in dem Nettchen als Inbegriff von Schönheit, Kraft und Schnelligkeit erscheint, verliert Strapinski die Kontrolle über sich selbst: In einer »unwillkürlich[en]« Reaktion kehrt er »getrost« – also ohne weitere Zweifel an der Notwendigkeit und Zulässigkeit seines

weiteren Handelns – »nach der Stadt zurück« (S. 26). Auch später noch verweist »sein verklärtes Haupt« auf einen rauschhaften Zustand der Besinnungslosigkeit, und der Erzähler bestätigt diesen Befund in direkter Weise mit dem Satz »Nun war der Geist in ihn gefahren« (S. 26).

- Strapinski passt sich im weiteren Verlauf gänzlich dem Bild an, das die Außenwelt auf ihn projiziert:

  »Er beachtete wohl die Sitten seiner Gastfreunde und bildete sie während des Beobachtens zu einem Neuen und Fremdartigen um; besonders suchte er abzulauschen, was sie sich eigentlich unter ihm dächten und was für ein Bild sie sich von ihm gemacht. Dies Bild arbeitete er weiter aus nach seinem eigenen Geschmacke, zur vergnüglichen Unterhaltung der einen, welche gerne etwas Neues sehen wollten, und zur Bewunderung der anderen, besonders der Frauen, welche nach erbaulicher Anregung dürsteten.« (S. 26 f.)

Auswirkungen von Strapinskis Handeln:

- Strapinski gibt sein Ich auf und passt sich vollkommen an eine fremde Rolle an. Er durchläuft eine Metamorphose, einen negativen Gestaltwandel, an dessen Ende er zu einer künstlichen Figur wird, die nur noch aus einer Hülle besteht, welche die ursprüngliche und eigentliche Persönlichkeit verbirgt.
- Die Menschen in Goldach sind von dem Abbild eines exotisch wirkenden Mannes gebannt, der ihnen in ihrem monotonen Alltagsleben Abwechslung verspricht.

Vergleich zwischen Hans Christian Andersens Märchen *Des Kaisers neue Kleider* und Gottfried Kellers *Kleider machen Leute*

Aufgabe

Analysieren Sie das Märchen *Des Kaisers neue Kleider*[15] (1837) des dänischen Schriftstellers Hans Christian Andersen und vergleichen Sie es mit der Novelle *Kleider machen Leute*. Benennen Sie die Gemeinsamkeiten und Unterschiede.

Lösungshinweise

Inhalt:

- Das Märchen erzählt die Geschichte eines Kaisers, der sich ausschließlich um seine Kleidung kümmert. Als zwei Betrüger ihm prächtige Kleider versprechen, deren wundersame Besonderheit darin bestehe, dass sie von dummen Menschen nicht gesehen werden, willigt der Kaiser in den Kauf ein und hofft, auf diese Weise diejenigen Amtsträger überführen zu können, die in seinem Land für ihr Amt ungeeignet sind.

15 Hans Christian Andersen, *Des Kaisers neue Kleider*, übers. von Heinrich Denhardt, Stuttgart 1987. Auch online verfügbar: gutenberg.spiegel.de/buch/marchen-1227/114 oder http://www.zeno.org/Literatur/M/Andersen,+Hans+ Christian/M%C3%A4rchensammlung/M%C3%A4rchen/Des+Kaisers+neue+Kleider (Stand: 29. 8. 2018).

- Um zu überprüfen, ob die Produktion der angeblich wundersamen Kleidungsstücke tatsächlich voranschreitet, lässt er zunächst einen alten Minister und anschließend einen Staatsmann zu den betrügerischen Webern gehen. Obwohl diese beiden Männer nicht erkennen können, dass tatsächlich Stoffe hergestellt werden, erklären sie sowohl gegenüber den Betrügern als auch gegenüber dem Kaiser, dass die neuen Kleidungsstücke »ein schönes Muster und prächtige Farben«[16] hätten.
- Obwohl der Kaiser bei seiner Kontrolle am Ort der vermeintlichen Produktion keinerlei Kleidungsstücke sieht, preist auch er die herausragende Qualität der Produkte, da er – wie die zuvor entsandten Staatsbediensteten – befürchtet, dass er sonst von seinen Untertanen für »dumm«[17] gehalten werde.
- Bei einer Prozession präsentiert der Kaiser sich in den neuen Kleidern. Obwohl das Volk lediglich einen nackten Mann sieht, preist es die unvergleichliche Schönheit der Kleidung. Erst auf den Einwand eines Kindes hin, das sagt, dass der Herrscher doch gar nichts anhabe, wird die Wahrheit offenbar. Gleichwohl setzt sich der Kaiser weiterhin den Blicken der Menschen aus, um den Anschein seiner Souveränität zu wahren.

Gemeinsamkeiten:

- Beide Texte handeln von der suggestiven Macht einer Idee. Sowohl in *Des Kaisers neue Kleider* als auch in *Kleider machen Leute* erliegen die Menschen einer

16 Andersen (s. Anm. 15), S. 36.
17 Andersen (s. Anm. 15), S. 38.

Täuschung durch Vorstellungen, die allein ihrer Phantasie entspringen: So wie der Herrscher in Andersens Märchen den völlig abwegigen Lügen zweier Betrüger Glauben schenkt, so versteifen sich auch die Bürger Goldachs auf das, was sie glauben wollen.

- In beiden Fällen erklärt sich die Leichtgläubigkeit der jeweiligen Figuren aus dem blinden Vertrauen in Kleidungsstücke. Im Märchen wird angenommen, dass sie trotz ihrer Inexistenz vorhanden, jedoch nur dem Schlauen sichtbar seien, in der Novelle sind sie Ausweis eines hohen gesellschaftlichen Standes, obwohl der Träger lediglich ein einfacher Handwerker ist.
- Auf einer tieferen Deutungsebene sind die beiden Irrtümer jedoch auch als Ausdruck eines Wunschdenkens zu verstehen: Sowohl der Kaiser als auch die Bürger von Goldach erhoffen sich von dem Objekt ihrer Faszination persönliche Vorteile: Sie selbst wollen an Macht und Einfluss gewinnen.

Unterschiede:

- In *Des Kaisers neue Kleider* kennen alle Untertanen die Wahrheit, leugnen diese aber aus Furcht vor der Autorität des Herrschers und aus Angst vor dem Verlust des eigenen Ansehens. Auch der Kaiser verlässt sich nicht auf die augenfällige Realität, sondern verharrt in einem Zustand der Selbsttäuschung, weil er die beiden Betrüger für Experten und deren Zauberkleidung für etwas Wirkliches hält.
- Es bleibt einem Kind mit seinem unverfälschten Blick auf die Welt überlassen, die Lüge und die Absurdität

des gesellschaftlichen Verhaltens offenzulegen. Andersens Märchen stellt damit die kindliche Naivität dem Opportunismus und der Dummheit der Erwachsenen als Korrektiv entgegen.

- Während in *Des Kaisers neue Kleider* ein Kind die Egoismen einer korrumpierten Gesellschaft durch die Direktheit und Klarheit seines schlichten Befundes (»Aber er hat ja gar nichts an!«[18]) enthüllt, geht Gottfried Kellers Novelle *Kleider machen Leute* über die einfache Moral hinaus, indem sie gesellschaftskritische, psychologische, ästhetische und kommunikative Aspekte verbindet.

Analyse der Vorrede Gottfried Kellers zum zweiten Teil der *Leute von Seldwyla*

Aufgabe

Als zu Beginn der Siebzigerjahre des 19. Jahrhunderts der zweite Teil der Novellensammlung *Die Leute von Seldwyla* erschien, stellte Gottfried Keller diesem eine Einleitung voran. Dieser Vorrede folgt in der Erstausgabe sogleich die Novelle *Kleider machen Leute.*

Analysieren Sie die Einleitung (S. 59–61), indem Sie (1.) Aufbau und Inhalt der Gedanken skizzieren und (2.) erläutern, in welcher Weise das Gesellschaftsbild in der Novelle *Kleider machen Leute* demjenigen in der Einleitung entspricht.

18 Andersen (s. Anm 15), S. 41.

Lösungshinweise

(1.) Aufbau und Inhalt

- Der Autor verweigert eine Zuordnung der fiktiven Kleinstadt Seldwyla zu einer der »etwa sieben Städte im Schweizerlande«, die sich darum streiten, »welche unter ihnen mit Seldwyla gemeint sei« (S. 59). Er bezeichnet Seldwyla als »eine ideale Stadt« (S. 59), welche sich weder historisch noch geographisch zuordnen lasse.
- Zugleich stellt der Autor im Hinblick auf den zentralen Ort seiner Erzählungen eine radikale Wandlung fest, die sich durchaus auf die Wirklichkeit seiner Zeit bezieht. Demnach hat sich Seldwylas »durch Jahrhunderte gleich gebliebener Charakter« nun in weniger als zehn Jahren geändert, so dass dieser »sich ganz in sein Gegenteil zu verwandeln droht« (S. 59).
- Diese zunächst pauschale Feststellung konkretisiert Keller im weiteren Verlauf seiner Ausführungen durch Hinweise auf einen Mentalitätswandel bei den Einwohnern, die sich zunehmend mit Geschäften befassen, »mit welchen keine weitere Arbeit verbunden ist« (S. 60), während sie sich zugleich sich auf »die überall verbreitete Spekulationsbetätigung« konzentrieren. Die Seldwyler Bürger sichern demnach ihren Lebensunterhalt nicht mehr durch Arbeit und Leistung, sondern durch Gewinne aus finanziellen Investitionen in die Aktien von Unternehmen.
- Die Verwandlung des städtischen Kleinbürgers in einen *Global Player* des internationalen Kapitalmarkts

hat, so Gottfried Keller, massive Auswirkungen auf die psychische Verfassung der Menschen, die sowohl ihre Lebensfreude als auch die politische Bereitschaft zum Engagement für das Gemeinwohl verlieren.

(2.) Bezüge zwischen den Kernaussagen der Einleitung und dem Gesellschaftsbild in der Novelle *Kleider machen Leute*

- Die Novelle enthält Merkmale einer Gesellschaftssatire, welche das kleinbürgerliche Bedürfnis nach hohem gesellschaftlichen Status und nach ›leichtem Geld‹ darstellt.
- Um den Protagonisten gruppieren sich in Goldach diverse Figuren, denen allen ein unverkennbares Imponiergehabe und/oder spekulatives Handeln eigen ist, darunter allen voran der Buchhalter Melchior Böhni, der Wirt und die Angehörigen der kleinstädtischen Oberschicht: junge Unternehmer, der lokale Amtsrat mit seiner Tochter Nettchen sowie eine unbestimmte Anzahl namenloser Figuren.
- Während Wirt und Köchin auf die Ankunft des vermeintlichen polnischen Grafen mit Strategien der Täuschung reagieren, um Profit machen zu können, beziehen die Honoratioren der Stadt den fremden Ankömmling in ihre Lebensweise ein, indem sie ihn an ihren täglichen Vergnügungen teilhaben lassen.
- Der Erzähler bezeichnet diese Menschen in spöttischer Weise als »Mitglieder guter Häuser, welche ihr Leben lang zu Hause blieben, deren Verwandte und Genossen aber in aller Welt saßen, weswegen sie selbst die Welt sattsam zu kennen glaubten« (S. 13). Sie erscheinen

demnach als provinzielle Figuren mit dem eingebildeten Anspruch auf Weltläufigkeit.

- Arbeit und Leistung erscheinen ebenso abwesend wie deren Vertreter. Während Arbeiter, Handwerker und Kleinunternehmer wie auch die Vielzahl der tätigen Frauen wenig in Erscheinung treten, bildet vor allem das Besitzbürgertum das Zentrum ausführlicher Angaben zu Aktivitäten, die sämtlich um den persönlichen Profit kreisen.
- Der Verlust an Natürlichkeit und Authentizität äußert sich unter anderem in dem Drang zur Selbstdarstellung und in der Deformation der ursprünglichen Lebensformen durch künstliche Bedürfnisbefriedigungen.

10. Literaturhinweise / Medienempfehlungen

Literatur

Gottfried Keller: Kleider machen Leute. Hrsg. von Wolfgang Pütz. Stuttgart: Reclam, 2017 [u. ö.]. (Reclam XL. Text und Kontext, Nr. 19378.) [Diese Ausgabe liegt dem Lektüreschlüssel zugrunde.]

Aust, Hugo: Literatur des Realismus. Stuttgart 1977.

Bänziger, Hans: Ambivalenz der Eitelkeit. Gottfried Keller: *Kleider machen Leute*. In: Deutsche Novellen. Von der Klassik bis zur Gegenwart. Hrsg. von Winfried Freund. München 1993. S. 165–174.

Boeschenstein, Hermann: Gottfried Keller. 2., durchges. und erw. Aufl. Stuttgart 1977.

Breitenbruch, Bernd: Gottfried Keller in Selbstzeugnissen und Bilddokumenten. Reinbek bei Hamburg 1981. (rowohlts monographien. 136.)

Fontane, Theodor: Gottfried Keller – *Die Leute von Seldwyla*. In: T. F.: Sämtliche Werke. Bd. 21,1: Literarische Essays und Studien. Ges. und hrsg. von Kurt Schreinert. München 1963. S. 256–258.

Jeziorkowski, Klaus: Gottfried Keller. *Kleider machen Leute*. Text, Materialien, Kommentar. München/Wien 1984. (Literatur-Kommentare. 22.)

Kaiser, Gerhard: Gottfried Keller. München/Zürich 1985. (Artemis Einführungen. 19.)

Kaiser, Gerhard: Gottfried Keller. Das gedichtete Leben. Frankfurt a. M. 1981.

Kohl, Stephan: Realismus: Theorie und Geschichte. München 1977.

Lurker, Manfred (Hrsg.): Wörterbuch der Symbolik. 5., durchges. und erw. Aufl. Stuttgart 1991.

Neumann, Bernd: Gottfried Keller: *Kleider machen Leute.* In: Erzählungen und Novellen des 19. Jahrhunderts. Interpretationen. Bd. 2. Stuttgart 1997. S. 235–278. (Reclams Universal-Bibliothek. 8414.)

Pinto, Annemarie: Das Mantelmotiv in Kellers *Kleider machen Leute* und Gogols *Der Mantel.* Bern / Frankfurt a. M. 1978.

Selbmann, Rolf: Erläuterungen und Dokumente: Gottfried Keller: *Kleider machen Leute.* Stuttgart 1984. (Reclams Universal-Bibliothek. 8165.)

Selbmann, Rolf: Gottfried Keller. Romane und Erzählungen. Berlin 2001. (Klassiker-Lektüren. 6.)

Villwock, Peter: *Kleider machen Leute* – Die Kunst und das Menschliche. In: Gottfried Keller. Romane und Erzählungen. Hrsg. von Walter Morgenthaler. Stuttgart 2007. S. 78–97. (Reclams Universal-Bibliothek. 17533.)

Wiese, Benno von: Gottfried Keller: *Kleider machen Leute.* In: Benno von Wiese: Die deutsche Novelle von Goethe bis Kafka. Interpretationen I. Düsseldorf 1964. S. 238–249.

Hörbuch

Gottfried Keller: Kleider machen Leute. Gelesen von Markus Stolberg. Sony Music 2018. 103 Min.

Verfilmung

Kleider machen Leute. Regie: Paul Verhoeven. BRD 1963. 105 Min.

Kleider machen Leute. Regie: Helmut Käutner. Deutschland 1940. 91 Min.

Eine kurze und unterhaltsame Zusammenfassung der Novelle bietet »Sommers Weltliteratur to go«: youtu.be/dBbxSJ7Nvls (Stand: 29.8.2018).

11. Zentrale Begriffe und Definitionen

Alter Ego: lat. für ›anderes Ich‹, zweite Identität..
➤ S. 86

Antiheld, Antiheldin: ➤ Held, Heldin.

Auktoriale Erzählsituation: ➤ Erzählsituation.

Auktorialer Erzähler: ➤ Erzählsituation.

Autor/Autorin: allgemeine Bezeichnung für Verfasser von fiktionalen (literarischen) oder nicht-fiktionalen (sachbezogenen) Texten (lat. *auctor* ›Urheber, Schöpfer‹). Autor und Autorin sind im literaturwissenschaftlichen Sprachgebrauch vom ➤ Erzähler zu unterscheiden, welche als fiktive (erdichtete) Gestalten in Werken erzählender Prosa zwischen den Lesern und den erzählten Zuständen und Vorgängen vermitteln. Die Novelle *Kleider machen Leute* ist demnach zwar von dem Schweizer Schriftsteller Gottfried Keller verfasst, doch wird seine Geschichte von einem namenlosen ➤ Erzähler vorgetragen, der mit dem Autor nicht identisch ist.
➤ S. 91 ff.

Bild: In der erzählenden Literatur dienen Bilder der Veranschaulichung von Situationen und Sachverhalten. In seiner einfachsten Form, dem eigentlichen Bild, handelt es sich um konkrete Beschreibungen der (fiktiven) Wirklichkeit. Gottfried Keller verwendet das Stilmittel sehr häufig, so etwa in der sehr detaillierten bildlichen Darstellung des Seldwyler Schneiderfestzugs: »Auf dem vordersten Fuhrwerk ragte eine kolossale Figur empor, die Göttin Fortuna vorstellend, welche in den Äther hinauszufliegen schien. Es war eine riesenhafte Strohpuppe voll schimmernden Flittergoldes, deren Gazegewänder in der Luft flatterten.« (S. 33)

➤ S. 53 f.

Charakter: Bezeichnung für jede literarische Figur, die sich – im Gegensatz zum Typus – durch unverwechselbare individuelle Eigenschaften auszeichnet.

➤ S. 87

Dialog: Gespräch zwischen zwei oder mehreren Figuren. In *Kleider machen Leute* finden sich immer wieder Wiedergaben von Gesprächen. Die beiden längsten Dialoge sind der zwischen Wirt und Köchin am Anfang der Novelle (S. 5–7) und der Dialog von Strapinski und Nettchen im Bauernhaus am Ende der Novelle (S. 46–52).

➤ S. 54, 56 f.

Dingsymbol: in der Regel aus der Welt der leblosen Gegenstände, der Tiere und der Pflanzen entnommene Leitmotive mit sinnbildhafter Funktion. Dingsymbole sind – gemäß der Theorie des Schriftstellers Paul Heyse (1830–1914) – typische Elemente von Novellen, die immer wieder an Schlüsselstellen vorkommen und das zentrale Problem symbolisieren. Heyse bezeichnete dieses Phänomen auch als »Falkentheorie« – nach der ›Falkennovelle‹ aus Giovanni Boccaccios (1313–1375) *Decameron* (Fünfter Tag, Neunte Novelle), in welcher der Falke als immer wiederkehrendes Symbol den Mittelpunkt bildet.

➤ S. 67 ff.

Direkte Rede: unmittelbare, wörtliche Wiedergabe von Aussagen innerhalb der erzählten Handlung, meist durch Anführungszeichen kenntlich gemacht: »›Nun‹, sagte Nettchen ihrerseits mit seltsamem Tone […], ›was sehen Sie mich so an?‹« (S. 51). Gegensatz: ➤ Indirekte Rede.

➤ S. 52

Entwicklungsroman: handelt von der äußeren und inneren, seelisch-geistigen Reifung eines zumeist jungen Menschen hin zu einem Individuum mit ausgeprägten Persönlichkeitsmerkmalen, die aus Konflikten mit sich selbst und mit der Umwelt heraus geformt werden. Bekannte literarische Textbeispiele sind Wolframs von Eschenbach *Parzival* (zwischen 1200 und 1210), Johann Wolfgang Goethes *Wilhelm Meisters Lehrjahre* (1795/96), Joseph von Eichendorffs *Aus dem Leben eines Taugenichts* (1826) oder Hermann Hesses *Narziß und Goldmund* (1930). Auch Joanne K. Rowlings *Harry Potter* gilt gattungstypologisch als Entwicklungsroman (in mehreren Bänden).

➤ S. 46

Erlebte Rede: Anders als die ➤ direkte oder die ➤ indirekte Rede gibt die erlebte Rede Gedanken oder Gefühle einer Figur so wieder, dass man als Leser den Eindruck hat, an deren wortlosen Bewusstseinsinhalten teilzuhaben. In *Kleider machen Leute* taucht dieses epische Stilmittel nur selten, dann aber an entscheidender Stelle auf. Als Nettchen sich auf die Suche nach ihrem Verlobten begibt, heißt es im Erzählbericht: Ihre Seele war »wie in tiefer schwerer unglücklicher Vergessenheit befangen. Was sind Glück und Leben! von was hangen sie ab? Was sind wir selbst, dass wir wegen einer lächerlichen Fastnachtslüge glücklich oder unglücklich werden? […]« (S. 42).

Erzähler/Erzählerin: eine vom ➤ Autor erfundene (und deswegen von ihm zu unterscheidende) Figur, die der Leserin und dem Leser das Geschehen aus ihrer Sicht (➤ Erzählperspektive) vermittelt. In *Kleider machen Leute* handelt es sich um einen namenlosen auktorialen Erzähler (➤ Erzählsituation).

➤ S. 48

Erzählerbericht: geraffte und chronologische Darstellung einer fiktiven Handlung durch den Erzähler. So fasst der Erzähler in *Kleider machen Leute* beispielsweise das längere Gespräch zwischen der zur Heirat entschlossenen Tochter des Amtsrats und ihrem sich dazu ablehnend verhaltenden Vater wie folgt zusammen: »Es gab nun ein fruchtloses Hin- und Widerreden, welches die standhafte Schöne endlich doch zum Tränenvergießen brachte« (S. 55).

Erzählerkommentar: Eingriff des Erzählers in den Erzählzusammenhang, etwa in der Form von Bewertungen, Einwänden, Urteilen und Reflexionen. Der Erzählerkommentar ist das typische Merkmal von auktorialen ➤ Erzählsituationen.

➤ S. 48

Erzählerwissen: der Umfang der Kenntnisse des ➤ Erzählers in Bezug auf das erzählte Geschehen kann, wie in auktorialen ➤ Erzählsituationen, sehr umfassend, aber auch mehr oder weniger begrenzt sein.

➤ S. 48

Erzählhaltung: bezeichnet die Art und Weise, wie der Erzähler die Figuren und Situationen sieht und bewertet (➤ Erzählerkommentar). Er kann darüber beispielsweise humorvoll oder ernst, unkritisch (affirmativ) oder kritisch (distanziert) Auskunft geben und urteilen.

➤ S. 48

Erzählperspektive: bezeichnet den Standpunkt oder Blickwinkel (*point of view*), von dem aus ein Geschehen dargestellt wird. Dieser kann 1. durch einen objektiven Überblick über das Geschehen, 2. durch eine eingeschränkt subjektive Betrachtungsweise oder 3. durch eine multiperspektivische Sichtweise verschiedener Figuren gekennzeichnet sein.

➤ S. 48 ff.

Erzählsituation: Der Erzähler kann 1. als souveräner Kenner der Sachverhalte und Figuren einen allgemeinen Wissensvorsprung besitzen und quasi allwissend sein (auktoriale Erzählsituation). 2. In sog. personalen Erzählsituationen hingegen tritt der Erzähler hinter eine oder mehrere der Figuren zurück, aus deren Sicht dann das Geschehen in der Er-/Sie-Form erzählt wird. 3. In sog. neutralen Erzählsituationen enthält sich der Erzähler jeglicher Bewertung des Geschehens und der Figuren.

In *Kleider machen Leute* bestimmt vor allem die persönliche Sicht des Erzählers die Wahrnehmung der Figuren und Dinge durch den Leser.

➤ S. 57

Erzählte Zeit: Handlungsdauer bzw. Zeitraum, über den sich die erzählte Handlung eines Textes erstreckt. In *Kleider machen Leute* umfasst sie die Wintermonate, beginnend an eine »unfreundlichen Novembertag« (S. 3).

➤ S. 7

Fallhöhe: Begriff aus der Dramentheorie, der besagt, dass der Fall des Helden vom Höhepunkt in die Katastrophe umso einprägsamer und ergreifender ist, je höher sein sozialer Status ist.

➤ S. 76

Figur: im Text auftretende fiktive Person. Man unterscheidet Haupt- und Nebenfiguren.

➤ S. 19 ff.

Figuration: literarische Gestaltwerdung von etwas Abstraktem, etwa eine exemplarische Figur, die ein Problem oder ein Motiv verkörpert.

➤ S. 22

Held, Heldin: allg. starke Persönlichkeit mit überragenden körperlichen, seelischen und geistigen Eigenschaften.

In der Literaturwissenschaft oft auch Bezeichnung der Hauptfigur eines Werkes (dort aber üblicherweise ➤ Protagonist). Der Begriff des Antihelden beinhaltet ausdrücklich negative Eigenschaften einer Hauptfigur mit ihren menschlichen Schwächen, Widersprüchen und Fehlern.

➤ S. 8

Hypotaxe: Form der Syntax (Satzbildung), die im Unterschied zur einfachen Satzform der Parataxe durch komplexe und auch komplizierte Satzbildungsmuster mit Haupt- und Nebensätzen gekennzeichnet ist. Die nahezu ununterbrochene Verwendung von langen und verschachtelten Sätzen ist ein wesentliches Stilmerkmal der literarischen Texte von Gottfried Keller.

Indirekte Rede: gibt im Gegensatz zur wörtlichen bzw. ➤ direkten Rede Aussagen, Fragen oder Befehle nur mittelbar wieder. Kennzeichen der indirekten Rede sind die Abhängigkeit von Verben des Sagens, Meinens usw. sowie die grammatische Form des Konjunktivs, so etwa im folgenden Textbeispiel: »Der Amtsrat gab Nettchen ihr ganzes Gut heraus und sie sagte, Wenzel müsse nun ein großer Marchand-Tailleur und Tuchherr werden in Seldwyla […]« (S. 57).

Novelle: Neben den bekanntesten Definitionen (1) »als eine sich ereignete, unerhörte Begebenheit« (Goethe) und (2) als »Schwester des Dramas« (Storm) nennt die Literaturwissenschaft weitere gattungstypologische Besonderheiten, darunter (3) den überschaubaren Umfang der Handlung mit (4) einem gleichfalls begrenzten Figurenrepertoire. Ein weiteres wichtiges Merkmal (5) ist das Vorhandensein von Dingsymbolen, die in der Form von Gegenständen, Tieren und Pflanzen innere Motivzusammenhänge schaffen. Mit zumeist engem Bezug zur realen Welt erzählt die Novelle (6) von krisenhaften Momenten und Wendepunkten im Leben ihrer ➤ Protagonisten.

➤ S. 41

Plot: grobes Gerüst des Handlungsverlaufs bei epischen oder dramatischen Werken.

➤ S. 63

Protagonist: Hauptfigur eines Textes. In *Kleider machen Leute* sind Wenzel Strapinski und Nettchen die zentralen Gestalten der Erzählung.

➤ S. 48

Realismus: Im Verhältnis von Fiktion und Realität definiert der Begriff des Realismus die spezifische Nähe der künstlerischen Darstellung zur Wirklichkeit. Daneben bezeichnet er eine bestimmte Periode der Literaturgeschichte im 19. Jahrhundert, innerhalb derer die literarischen Texte, aber auch andere Künste wie die Malerei, besonders stark an der möglichst exakten Wiedergabe der historischen, politischen, ökonomischen und sozialen Verhältnisse in-

teressiert waren. Der Zeitraum dieser Literaturepoche erstreckt sich in Deutschland von etwa 1848 bis etwa 1880.
➤ S. 97 ff.

Romantik: Die dem ➤ Realismus vorausgehende Periode einer Denk- und Kunstrichtung, innerhalb derer besonders auch in Deutschland in der Zeit etwa zwischen 1795 und 1848 das menschliche Ich und die Natur in den Blickpunkt der allgemein geistigen und speziell künstlerischen Beschäftigung rückten. Die Welt der Gefühle, des Irrationalen, Phantastischen und Geheimnisvollen, des Religiösen und des Mythischen bildeten das Zentrum literarischer Werke, in denen Schriftsteller wie E. T. A. Hoffmann, Clemens Brentano oder Joseph von Eichendorff unter anderem die Nachtseiten der Existenz und die Erhabenheit der Natur erkundeten und beschrieben.
➤ S. 97 ff.